NOTES

DE

MÉCANIQUE

RÉDIGÉES CONFORMÉMENT AU PROGRAMME OFFICIEL

PAR

J. DUFAILLY,

Professeur de Mathématiques.

PARIS

chez CH. DELAGRAVE et Cie, Libraires. 78, Rue des Ecoles

1867

Lith CHAUVIN, Rue de la Vieille-Estrapade, 27, PARIS

NOTES

DE

MÉCANIQUE

RÉDIGÉES CONFORMÉMENT AU PROGRAMME OFFICIEL

PAR

J. DUFAILLY,
Professeur de Mathématiques.

PARIS

chez CH. DELAGRAVE et Cie, Libraires, 78, Rue des Ecoles

1867

Lith CHAUVIN, Rue de la Vieille-Estrapade, 27, PARIS

Notes de Mécanique
rédigées conformément au Programme officiel.

Définitions.

1. — On dit qu'un corps est en mouvement lorsqu'il passe d'un lieu dans un autre; s'il persiste dans le même lieu, on dit qu'il est en repos.

2. — Le mouvement est relatif ou absolu : relatif, si le corps se déplace par rapport à un autre corps qui se meut lui-même; absolu, si le déplacement a lieu par rapport à un point fixe, c'est-à-dire en repos absolu. — Comme on ne connaît aucun point fixe dans l'espace, tous les mouvements que l'on observe sont relatifs.

3. — Un corps ne peut modifier de lui-même l'état de repos ou de mouvement dans lequel il se trouve. — Ce principe se nomme la loi de l'inertie. — Un corps en repos ne peut donc se mettre en mouvement qu'en vertu d'une cause étrangère agissant sur lui. Cette cause a reçu le nom de force.

Une force est donc une cause quelconque de mouvement.

4. — La Mécanique a pour objet l'étude des forces et des mouvements; elle se divise en 3 parties principales :

    1° La Statique qui étudie les forces en équilibre, c'est-à-dire les forces dont les actions se détruisent mutuellement;

    2° La Cinématique qui étudie les mouvements indépendamment de leurs causes;

    3° La Dynamique qui s'occupe des relations existant entre les forces et les mouvements qu'elles produisent.

Statique.

5. — **Notions sur les forces.** Il y a à considérer dans toute force trois éléments qui sont : le point d'application, la direction et l'intensité.

Le point d'application est le point matériel sur lequel la force agit directement. On entend par point matériel une partie, de dimensions infiniment petites, de la matière dont est formé un corps. La position d'un tel point dans l'espace se détermine comme s'il s'agissait d'un point géométrique.

La direction d'une force est la ligne droite qu'elle tend à faire parcourir à son point d'application. Lorsque deux forces agissent dans la même direction, elles tendent à entraîner leurs points d'application du même côté ou de côtés opposés : dans le 1ᵉʳ cas, on dit qu'elles sont de même sens et dans le 2ᵉ qu'elles sont de sens contraires ou opposés.

L'intensité d'une force est l'énergie avec laquelle elle exerce son action. On va indiquer comment les intensités des forces peuvent se comparer entre'elles.

6. — **Condition d'égalité et évaluation numérique des forces.** On nomme forces égales deux forces qui appliquées au même point, ayant même direction et sens contraires se font équilibre, c'est-à-dire ne communiquent aucun mouvement à leur point d'application.

On dit qu'une force est double, triple, quadruple ..... d'une autre lors qu'appliquée en un certain point, elle fait équilibre à 2, 3, 4 .... forces égales à cette autre, appliquées au même point, dans la même direction et en sens contraire. On peut donc en choisissant une certaine force pour unité, évaluer numériquement les forces et par-suite comparer leurs intensités.

Lorsque l'on étudie géométriquement les forces, on représente leurs intensités par des longueurs proportionnelles prises sur leurs directions à partir du point d'application et dans le sens de l'action de ces forces.

7. — Comparaison des forces aux poids à l'aide du dynamomètre. En considérant comme égales deux forces qui appliquées au même point dans les mêmes conditions, produisent le même effet, on peut comparer les forces aux poids. Cette comparaison se fait à l'aide d'appareils nommés dynamomètres. Il en existe plusieurs; nous décrirons seulement le peson à ressort.

Cet instrument (fig. 1) se compose d'un ressort d'acier coudé CAB et de deux axes métalliques. L'un d'eux fixé en B passe librement dans une ouverture pratiquée en C dans la branche AC; l'autre, fixé en H, passe à travers une ouverture située en K. Le premier se termine par un anneau destiné à soutenir l'appareil et le second par un crochet auquel on peut suspendre des poids.

Si l'on suspend à ce crochet successivement des poids de 1, 2, 3 ..... kilogrammes, l'action de la pesanteur déterminera une flexion du ressort de plus en plus grande et l'on pourra graduer l'appareil en marquant aux points de l'arc BC où arrive successivement l'extrémité H, des traits accompagnés de nombres indiquant les poids employés.

Ceci fait, si l'on exerce sur le ressort des efforts capables d'amener la branche supérieure aux divisions 1, 2, 3 ..... on dira que les forces qui déterminent ces flexions sont des forces de 1, 2, 3 ..... kilogrammes; ce qui signifie que leur effet sont les mêmes que ceux produits sur l'appareil par des poids de 1, 2, 3 ..... kilogrammes.

8. — Remarques. Dans ce qui va suivre, nous considérerons les corps comme formés de points matériels liés entre eux invariablement par

des droites rigides et inextensibles, de telle sorte que leurs distances et leurs positions relatives restent rigoureusement les mêmes. Nous les supposerons en outre absolument libres dans l'espace, et nous ferons abstraction de leur poids; élément dont on pourra toujours tenir compte quand on voudra en le considérant comme une nouvelle force appliquée au corps. Nous ferons enfin souvent usage du principe dont l'énoncé suit et qui est évident : on peut sans troubler l'état d'un système quelconque de forces, y introduire autant de nouvelles forces que l'on veut, pourvu que ces dernières soient dans des conditions telles qu'appliquées seules au corps elles se fassent équilibre.

9. — Résultante. — Composantes. Supposons que des forces F, F', F"... appliquées aux points A, B, C... d'un corps se fassent équilibre. Si au point A on imagine une force R (fig. 2) égale à la force F, de même direction et de sens contraire, l'équilibre sera troublé et le corps se mettra en mouvement sous l'action de la seule force R. Mais comme cette force R et la force F s'entre-détruisent, on peut dire encore que le mouvement du corps est produit par l'action simultanée des forces F', F"... La force R est donc capable de remplacer à elle seule le système des forces F', F"... Lorsqu'une force unique peut ainsi en remplacer plusieurs autres, on la nomme leur résultante; les autres forces sont dites ses composantes.

La résultante R étant égale à la force F et de sens contraire, on voit que : lorsque plusieurs forces se font équilibre sur un corps, l'une quelconque d'entre elles est égale et directement opposée à la résultante de toutes les autres.

L'opération qui a pour but de déterminer la résultante d'un système de forces se nomme la composition des forces. On donne le nom de décomposition des forces à l'opération qui consiste à remplacer une force par plusieurs autres capables de produire le même effet.

Tout système de forces appliquées à un corps n'est pas susceptible d'avoir une résultante unique, mais dans certains cas on peut être certain qu'il en existe une. Ainsi, s'il s'agit de forces appliquées au même point, comme ce point tend à se mouvoir sous l'action des forces suivant une direction unique, on conçoit sans peine qu'en lui appliquant une certaine force en sens contraire de cette direction, on pourra le maintenir en équilibre. Cette force sera par suite égale et directement opposée à la résultante de toutes les autres, donc cette résultante existe.

10. — Lemme. Deux forces égales et contraires appliquées à deux points liés par une droite invariable de longueur et agissant dans la direction de cette droite se font équilibre. — On admet ce lemme comme évident.

11. — Conséquence. On peut sans changer l'effet d'une force qui sollicite un corps transporter son point d'application en un point quelconque de sa direction pourvu que le nouveau point soit lié invariablement au premier.

Soit F une force appliquée au point A (fig. 3) et soit B un point pris sur la direction de cette force et invariablement lié au point A. Appliquons en B dans la direction AB deux forces F', F" égales à F et opposées; ces forces se faisant équilibre, l'état du corps n'est pas changé. Mais d'après le lemme précédent, les deux forces F, F" se détruisent, il ne reste donc à considérer que l'action de la force F'. Or, cette dernière n'est autre chose que la force F dont le point d'application est transporté en B.

Composition des forces appliquées à un même point.

12. — Composition de deux forces appliquées à un même point et ayant même direction. Deux cas peuvent se présenter : les deux forces sont de même sens ou elles sont de sens contraires.

1ᵉʳ Cas. Les deux forces sont de même sens : leur résultante est égale à leur somme, elle agit dans la même direction et le même sens qu'elles. On le reconnaît facilement en supposant les deux forces égales chacune à un multiple d'une force f aussi petite que l'on veut et se reportant ensuite à ce qui a été dit plus haut (6) relativement à l'évaluation numérique des forces.

2ᵉ Cas. Les deux forces sont de sens contraires. Leur résultante est égale à leur différence, elle agit dans la même direction, et elle est de même sens que la plus grande des deux forces. — Soient en effet les deux forces F, F' appliquées en A et agissant dans le sens indiqué par les flèches (fig. 4). Supposons $F > F'$ et posons $F = F' + F''$. Au lieu de la force F nous pourrons donc imaginer 2 forces agissant en A : la 1ʳᵉ de ces 2 forces fait équilibre à la force donnée F'. Il n'y a donc à considérer que l'action de la force F'' et cette force se trouve ainsi la résultante de F et F'.

13. — Conséquences. La résultante de plusieurs forces appliquées au même point et agissant dans la même direction et le même sens, est égale à la somme de toutes ces forces, et de même direction et de même sens qu'elles.

La résultante d'autant de forces que l'on veut appliquées au même point et ayant même direction est égale à l'excès de la somme de celles qui agissent dans un sens sur la somme de celles qui agissent dans le sens opposé, elle agit dans la même direction et le même sens que les forces dont la somme est la plus grande.

On peut énoncer cette dernière proposition en disant que la résultante est égale à la somme algébrique de toutes les forces ; il suffit pour
cela de considérer comme positives celles qui agissent dans un sens (d'ailleurs
arbitraire) et comme négatives celles qui agissent dans le sens opposé.

Remarque. Lorsque cette somme algébrique est nulle, il y a
équilibre.

13. — Composition de deux forces appliquées à un même point
et dont les directions forment un certain angle. Nous savons
déjà (9) que ces deux forces ont une résultante unique. Cette résultante
est située dans le plan des deux forces, car s'il en était autrement, on pourrait imaginer par le point d'application un plan laissant d'un côté les
deux forces et de l'autre la résultante ; celle-ci agirait donc d'un côté de ce
plan tandis que les deux forces agiraient de l'autre, ce qui est impossible.
De plus, la résultante est dirigée dans l'intérieur de l'angle formé par
les directions des deux forces, car autrement on pourrait mener par le
point d'application un plan qui laisserait d'un côté les deux forces et de
l'autre la résultante, ce qui est impossible.

Cas particulier. Lorsque les deux forces sont égales, leur résultante est dirigée suivant la bissectrice de leur angle. Il n'y a pas de raison
en effet, eu égard à la symétrie de la figure, pour que cette résultante fasse
avec l'une des deux forces un angle plus grand ou plus petit que celui
qu'elle fait avec l'autre.

Lemme. Si aux sommets opposés d'un losange on applique 4
forces égales entr'elles dirigées suivant les côtés, ces forces se font équilibre.

fig. 5   Soit un losange A B C D dont les sommets sont supposés
invariablement liés entr'eux. Appliquons aux sommets
A et C quatre forces égales dans le sens indiqué par

les flèches (fig. 5). La résultante des deux forces appliquées en A est dirigée suivant la diagonale AC, celle des deux forces appliquées en C est dirigée suivant la même diagonale, de C vers A. Or, ces deux résultantes sont égales; donc comme elles sont de même direction et de sens contraires, elles se font équilibre. Donc enfin les 4 forces sont en équilibre. c. q. f. d.

Parallélogramme des forces. Théorème. La résultante de deux forces appliquées au même point et dont les directions forment un certain angle est représentée en direction et en intensité par la diagonale du parallélogramme construit sur les droites qui représentent les forces en direction et en intensité.

Direction. Soient les deux forces F. F' appliquées au même point A. Supposons qu'une certaine force f prise pour commune mesure soit contenue exactement 3 fois dans la force F et 2 fois dans la force F'. Prenons une longueur arbitraire et portons la 3 fois sur AF et 2 fois sur AF'. Nous obtenons ainsi les longueurs AB, AC qui sont proportionnelles aux intensités des forces et qui par suite peuvent être regardées comme représentant ces intensités.

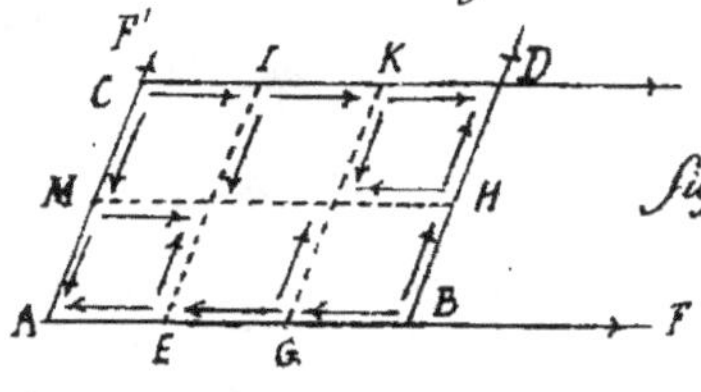

fig. 6.

Construisons le parallélogramme ABCD, menons par les points de division des lignes AB, AC, les parallèles EI, GK, MH qui déterminent des losanges égaux en supposant tous les points de la figure invariablement liés entr'eux.

En M et E dans le sens indiqué par les flèches appliquons quatre forces égales à f; faisons de même en C et G, en I et B, en K et H. Les forces qui composent chacun de ces groupes se font équilibre d'après le lemme précédent : l'état du système n'est donc pas changé.

Or les 3 forces égales à f et agissant suivant AB peuvent être remplacées par une force unique égale à F et faisant par suite équilibre à cette dernière puisqu'elle est de sens opposé. De même les deux forces égales à f et agissant suivant AC peuvent être remplacées par une force unique égale à F' et lui faisant équilibre. — D'autre part, les forces égales à f et dirigées suivant EI, GK, MH se font équilibre deux à deux. Le système reste donc sollicité par l'action des 3 forces égales à f agissant suivant CD et des 2 forces égales aussi à f agissant suivant BD. Ces forces peuvent être remplacées, les 1res par une force unique égale à F, les autres par une force unique égale à F', ces deux forces étant appliquées l'une et l'autre en D.

On voit ainsi que les deux forces F, F' appliquées en A peuvent être transportées en D parallèlement à elles-mêmes. Leur résultante passe donc par le point D, et comme elle passe aussi par le point A, elle est dirigée suivant la diagonale AD du parallélogramme ABCD.

Il en est encore de même lorsque les forces que l'on considère n'ont pas de commune mesure. Supposons en effet qu'une certaine force f soit contenue exactement dans l'une des forces en question, F par exemple : l'autre force F' contiendra f un certain nombre de fois avec un reste moindre que f. Or si l'on substitue à la force F' une force F'' égale au plus grand multiple de f qu'elle contient, le résultat obtenu plus haut sera applicable aux forces commensurables F, F'' : Mais en prenant f de plus en plus petit, F'' s'approche indéfiniment de devenir égale à F', donc le résultat est aussi applicable aux forces F, F'.

Intensité. — Nommons R la résultante des deux forces F, F' et imaginons appliquée en A une force R' égale et de sens contraire (fig. 7). Les 3 forces F, F', R' seront alors en équilibre, et l'une

fig. 7

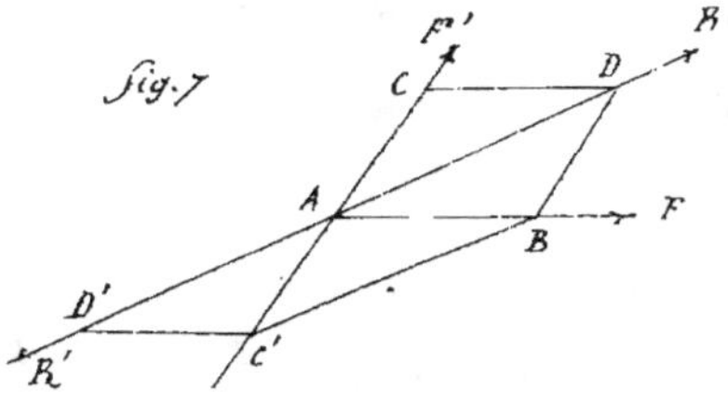

quelconque d'entr'elles, F' par exemple, sera égale et directement opposée à la résultante des deux autres. La résultante de F et R' sera donc dirigée suivant AC'. Menons BC' parallèle à AD et C'D' parallèle à AB, la longueur AD' ainsi déterminée représentera l'intensité de la force R' et par suite aussi celle de la force R. Or AD'=BC'= AD, comme parallèles comprises entre parallèles, donc l'intensité de la résultante des deux forces F, F' est égale à la diagonale AD, c. q. f. d.

Remarque. Deux forces appliquées au même point et non dirigées suivant la même droite ne peuvent se faire équilibre.

14. — Relations entre la résultante et les composantes. Les 3 forces F, F', R sont proportionnelles aux côtés du triangle ABD. les angles DAB, ADB, ABD de ce triangle sont égaux : le 1er à l'angle des deux forces R et F ; le second à l'angle des deux forces R et F' ; le 3e au supplément de l'angle des deux forces F, F'. Connaissant donc 3 des 6 éléments, F, F', R, angle (F, R), angle (F', R) angle (F, F'), on pourra déterminer les 3 autres au moyen d'une résolution de triangle. — Il est clair qu'une des forces doit toujours être au nombre des éléments donnés.

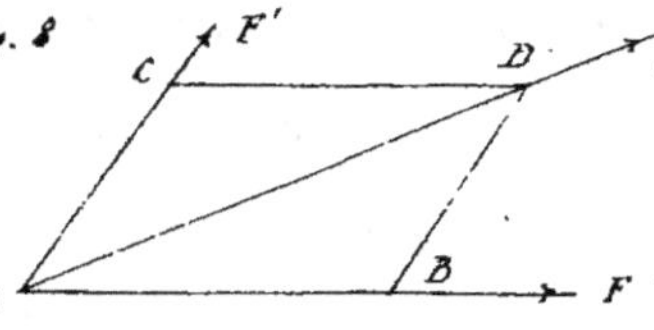

fig. 8

Le triangle ABD donne : $\dfrac{R}{\sin(F, F')} = \dfrac{F}{\sin(R, F')} = \dfrac{F'}{\sin(R, F)}$

Les rapports de chaque force à l'angle formé par la direction des deux autres sont donc égaux entr'eux.

On a dans le même triangle : $R^2 = F^2 + F'^2 + 2 F. F' \cos(F, F')$, relation qui donne la valeur de la résultante en fonction des composantes et de l'angle qu'elles font entr'elles.

Pour l'angle F, F' égal à zéro, la relation donne $R = F + F'$. C'est le cas de deux forces de même direction et de même sens.

Lorsque l'angle F, F' vaut 180°, la relation donne $R = F - F'$. C'est le cas de 2 forces de même direction et de sens contraires.

Remarque. Les relations qui précèdent sont applicables à 3 forces qui se font équilibre en agissant sur un même point A.

15. — Décomposition d'une force en deux autres de directions données. Pour décomposer une force R d'intensité AB en deux autres dirigées suivant les lignes Ax et Ay, situées dans le même plan avec AB, on n'a qu'à mener par le point B des parallèles BC, BD aux directions Ax, Ay (fig. 9). On détermine ainsi un parallélogramme dont les côtés AC, AD représentent les intensités des composantes.

Lorsque l'on demande de décomposer une force en plus de deux autres suivant des directions données dans le même plan avec la force, le problème est indéterminé.

16. — Composition de trois forces appliquées au même point et non situées dans le même plan. Parallélipipède des forces.

Théorème. La résultante de 3 forces appliquées au même point et non situées dans le même plan est représentée en direction et en grandeur par la diagonale du parallélipipède construit sur les droites qui représentent en grandeur et en direction les 3 forces données.

Soient les 3 forces F, F', F'' appliquées au point A et non situées dans le même plan ; supposons que AB, AC, AD représentent leurs intensités (fig. 10).

Composons F et F' leur résultante r est

représentée par la diagonale AK du parallélogramme ABCK. Composons r avec F″ et nous avons pour la résultante demandée la force R dont l'intensité est représentée par AO. — On reconnaît facilement que cette ligne AO est diagonale du parallélipipède ABCDO.

Remarque. Trois forces appliquées à un même point et non situées dans le même plan ne peuvent jamais se faire équilibre.

17. — Relations entre la résultante et les composantes. Lorsque le parallélipipède est rectangle, on a : $R^2 = F^2 + F'^2 + F''^2$, et aussi, en appelant α, β, γ les angles de la résultante avec les directions des forces :

$$F = R \cos \alpha \qquad F' = R \cos \beta \qquad F'' = R \cos \gamma$$

On peut remarquer que si l'on ajoute ces 3 dernières relations après les avoir élevées au carré, on a : $1 = \cos^2 \alpha + \cos^2 \beta + \cos^2 \gamma$.

18. — Décomposition d'une force en trois autres de directions données. Soit à décomposer la force R en trois autres dirigées suivant les lignes Ax, Ay, Az non situées dans le même plan. En supposant que AB représente l'intensité de la force R, on obtiendra les intensités AC, AD, AG des forces demandées en menant par le point B trois plans parallèles respectivement aux plans yAz, xAz, xAy. Ces trois plans couperont les lignes Ax, Ay, Az aux points C, D, G dont les distances au point A d'application représentent les intensités des forces cherchées, puisque AB est la diagonale du parallélipipède ACGDB.

Fig. 11.

Lorsque l'on demande de décomposer une force en plus de 3 autres suivant des directions données, il y a indétermination.

19. — Composition d'un nombre quelconque de forces appliquées

au même point. — *Polygone des forces.* — Soient $F. F'. F''$ des forces appliquées au point A et représentées en direction et en intensité par les lignes $AB, AC, AD \ldots$ (fig. 12). Composons F et F' par la règle du parallélogramme, nous avons pour résultante r dont l'intensité est AH;

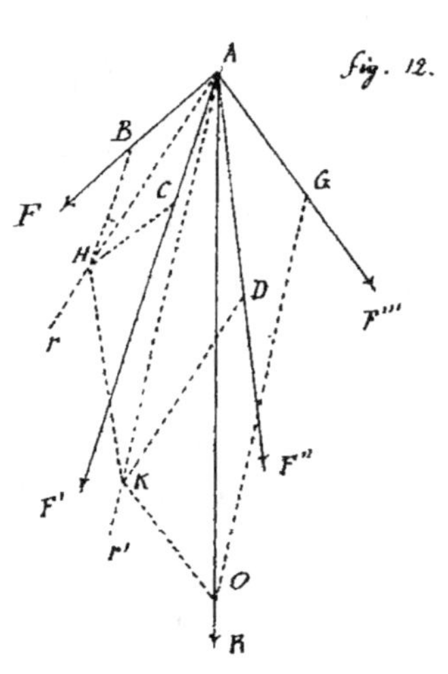

composons de même r et F'', puis la nouvelle résultante r' et F''', la dernière résultante R obtenue est celle de tout le système. — On voit que cette résultante ferme le contour d'un polygone dont les côtés sont respectivement égaux et parallèles aux lignes qui représentent en direction et en intensité les forces $F, F', F'' \ldots$ Il est donc inutile, pour obtenir la résultante, de déterminer les résultantes intermédiaires. On n'a qu'à construire le contour polygonal et qu'à joindre le point A d'application à son dernier sommet. La ligne ainsi obtenue représente en direction et en intensité la résultante du système.

20. — *Condition d'équilibre.* Pour que plusieurs forces appliquées au même point soient en équilibre, il faut et il suffit que le contour polygonal dont il vient d'être question se ferme de lui-même. — Alors en effet, la résultante est nulle.

Composition des forces parallèles.

21. — *Composition de deux forces parallèles ; 1er Cas : les deux forces agissent dans le même sens.*

Théorème. Deux forces parallèles, agissant dans le même sens et appliquées à deux points liés invariablement entre'eux ont une résultante unique égale à leur somme. Cette résultante leur est parallèle, agit dans le même sens qu'elles et partage la ligne qui joint leurs points d'application en deux parties inversement proportionnelles à leurs intensités.

Soient les deux forces F, F' (fig. 13) parallèles appliquées aux deux points A et B liés l'un à l'autre invariablement par la ligne droite AB.

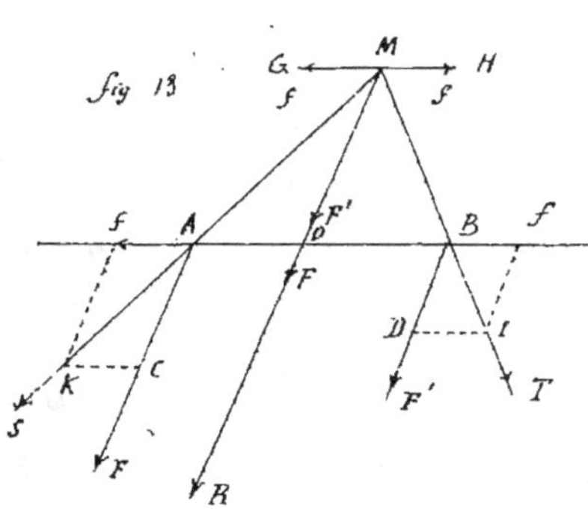

Dans la direction AB appliquons en A et B deux forces égales et opposées f : l'état du système ne sera pas changé. Supposons que AC, BD représentent les intensités des forces F, F'. Composons F et f, F' et f; nous obtiendrons ainsi deux résultantes S, T dont les directions sont concourantes et vont se rencontrer en un certain point M. Supposons ce point lié invariablement aux points A et B, transportons-y les forces S et T et décomposons chacune de ces forces en 2 autres suivant des directions parallèles à AB et aux forces données F, F'. Nous obtiendrons ainsi 4 forces : deux égales à f et de sens contraires, dirigées suivant GH et qui se détruiront, deux autres respectivement égales à F et F' et dirigées dans le même sens suivant la droite MO. Ces deux dernières forces peuvent être composées en une seule $R = F+F'$ dont le point d'application peut être transporté en O, ce dernier point étant invariablement lié au point M. La force R est la résultante des deux forces proposées. Elle est égale à leur somme, leur est parallèle et agit dans le même sens qu'elles. Reste à trouver la position de son point d'application O sur la ligne AB. — Or les triangles semblables AKC, MOA donnent :
$$\frac{F}{MO} = \frac{f}{AO}, \text{ et les triangles semblables } MOB, BDI \text{ donnent : } \frac{MO}{F'} = \frac{OB}{f}$$
Multipliant les deux proportions terme à terme, il vient :
$$\frac{F}{F'} = \frac{OB}{OA}.$$

Le point O d'application de la résultante partage donc la ligne AB en parties inversement proportionnelles aux intensités des forces F, F' et le théorème est démontré.

Remarque. On déduit de la proportion précédente $\frac{F}{R} = \frac{OB}{AB}$; donc

$$\frac{F}{OB} = \frac{F'}{OA} = \frac{R}{AB}$$

Entre les 6 quantités F, F', R, OB, OA, AB, il existe les relations :

$$R = F + F' \qquad AB = OB + OA \qquad \frac{F}{F'} = \frac{OB}{OA}$$

Trois d'entre'elles étant données, on pourra donc trouver les trois autres sauf le cas où les données seraient les 3 forces ou bien encore les 3 distances.

2e Cas. Les deux forces sont de sens contraire.

Théorème. Deux forces parallèles et de sens contraires ont une résultante unique égale à leur différence. Cette résultante leur est parallèle, agit dans le sens de la plus grande et rencontre la ligne qui joint leurs points d'application en un point dont les distances à ceux-ci sont inversement proportionnelles aux intensités des forces.

Soient les 2 forces parallèles F, F' (fig. 14) appliquées en A et B et agissant en sens contraires. En nous basant sur le théorème précédent nous pouvons décomposer la force F en deux autres parallèles et de même sens, l'une F' appliquée en B, l'autre F-F' appliquée en un point O, dont la position est déterminée par la proportion $\frac{OA}{AB} = \frac{F'}{F-F'}$. Or les 2 forces F' appliquées en B se détruisent : il ne reste donc que l'action de la force F-F' qui est ainsi la résultante du système. Comme de la proportion qui précède on tire : $\frac{OA}{OB} = \frac{F'}{F}$, le théorème est démontré.

22. — Couple. La distance OA nous a été donnée plus haut par la relation $\frac{OA}{AB} = \frac{F'}{F-F'}$, d'où l'on tire : $OA = AB \times \frac{F'}{F-F'}$.

Or, si $F' = F$, OA devient infinie et la résultante $F - F' = 0$. Ceci veut évidemment dire que la résultante n'existe pas. — Donc deux forces égales, parallèles et de sens contraires, non directement opposées, n'ont pas de résultante. Un tel système porte le nom de Couple.

23. — Composition d'un nombre quelconque de forces parallèles. Pour composer plusieurs forces parallèles F, F' …. (fig. 15) de même sens appliquées à des points A, B …. liés invariablement entr'eux, on commence par composer deux d'entr'elles F et F' par exemple ; on a ainsi une 1ère résultante R' appliquée en un certain point O'. Puis on compose cette résultante avec une 3ᵉ force F'', on ainsi une nouvelle résultante R'' que l'on compose avec la 4ᵉ force, et ainsi de suite. La dernière résultante trouvée R est celle du système ; elle est parallèle aux composantes, agit dans le même sens et est égale à leur Somme. Lorsque parmi les forces il s'en trouve qui agissent les unes dans un sens, les autres dans le sens contraire, on compose d'abord toutes celles qui agissent dans le même sens, puis toutes celles qui agissent dans le sens contraire ; on obtient ainsi deux résultantes qui sont parallèles entr'elles et de sens contraires. Si ces deux résultantes sont égales et non directement opposées, elles constituent un couple et le système donné n'a pas de résultante unique ; si elles sont inégales, elles ont, et par suite aussi le système a une résultante unique. Enfin, si elles sont égales et directement opposées, le système est en équilibre.

24. — Centre des forces parallèles. Lorsque l'on compose un nombre quelconque de forces parallèles la position du point d'application de leur résultante dépend seulement de la position des points d'application des composantes et des rapports d'intensité qui existent entr'elles. Si donc on fait

tourner toutes les forces parallèles composant un système autour de leurs points d'application supposés invariables en conservant leur parallélisme et en leur laissant leurs intensités ou leur en donnant de nouvelles proportionnelles aux premières, la résultante passera constamment par le même point. Ce point se nomme le Centre des forces parallèles

Moments des forces par rapport à un point.

25. — Définition. On nomme moment d'une force par rapport à un point le produit de l'intensité de cette force par la longueur de la perpendiculaire abaissée du point sur sa direction.

Moments des forces appliquées au même point.

26. — Théorème de Varignon. Le moment de la résultante d'autant de forces que l'on veut appliquées au même point et situées dans le même plan, par rapport à un point de leur plan est égal à la somme algébrique des moments des composantes

1° Cas de deux forces. Soient F, F' deux forces appliquées en A; AB, AC leurs intensités, R leur résultante ayant pour intensité la diagonale AD du parallélogramme $ABCD$. D'un point O pris dans le plan des forces et en dehors de l'angle BAC et de son opposé par le sommet abaissons sur la direction des 3 forces les perpendiculaires OG, OH, OK. Il s'agit de prouver que

$$R \times OH = F \times OG + F' \times OK \quad (1)$$

Joignons OA, OB, OD; le triangle AOD est égal à la somme des triangles AOB, ABD diminuée du triangle ODB. On aura donc en évaluant les surfaces de ces triangles et les doublant toutes:

$$AD \times OH = AB \times OG + BD \, (IK - OI).$$

Mais $BD = AC$ et $IK - OI = OK$, on a donc la relation :

$$AD \times OH = AB \times OG + AC \times OK.$$

qui n'est autre que l'égalité (1).

Supposons maintenant le point O pris dans l'angle BAC et répétons les mêmes constructions que plus haut. Le triangle AOD est égal au triangle ABD diminué de la somme des deux triangles AOB, BOD. On aura donc en doublant les surfaces de tous ces triangles : $AD \times OH = BD \times IK - AB \times OG - BD \times OI$,

Simplifiant et remplaçant BD par son égal AC, il vient :

$$AD \times OH = AC \times OK - AB \times OG \quad \text{ou} \quad R \times OH = F' \times OK - F \times OG.$$

Il en serait de même si le point O était pris dans l'angle opposé par le sommet à BAC.

Si l'on considère les 3 forces R, F, F' comme appliquées aux extrémités des perpendiculaires OH, OG, OK, ces dernières étant liées invariablement au point O supposé fixe, on voit que dans la figure 16 ces 3 forces tendent à faire tourner la figure dans le même sens, tandis que dans la figure 17 les deux forces R, F' tendent à faire tourner dans un sens et la force F dans le sens contraire. Si l'on convient de considérer comme positifs les moments des forces qui tendent à faire tourner dans un sens et comme négatifs ceux des forces qui tendent à faire tourner dans le sens contraire, les deux résultats trouvés plus haut pourront être renfermés dans cet énoncé : le moment de la résultante de deux forces appliquées au même point est égal à la somme algébrique des moments de ces 2 forces.

Considérons encore le cas particulier où le point O est pris sur la résultante. Alors, le moment de la résultante étant nul, la somme algébrique des moments $F \times OG$, $F \times OK$ doit être égale à zéro, et comme ces moments sont de signes contraires, ils doivent être égaux en valeur absolue, ce qui résulte de l'équivalence des triangles AOB, AOC.

2°. Cas d'un nombre quelconque de forces. Soient maintenant F, F', F'', F_n autant de forces que l'on voudra situées dans le même plan et appliquées au même point A. Nommons $R', R'' \ldots R_{n-1}, R$ les résultantes successives que l'on obtient en composant F et F', R' et F'', R'' et $F''' \ldots$; et soient $f, f', f'', f_{n-1} \ldots r', r'' \ldots r_{n-1}$, les distances d'un point o pris dans le plan des forces aux directions de celles-ci. On aura d'après le cas précédent

$$R'r' = Ff + F'f'$$

$$R''r'' = R'r' + F''f''$$

$$\ldots \ldots \ldots \ldots$$

$$\ldots \ldots \ldots \ldots$$

$$Rr = F_{n-1}r_{n-1} + F_n f_n$$

Additionnant membre à membre, il vient réductions faites :

$$Rr = Ff + F'f' + F''f'' + \ldots \ldots + F_n f_n ;$$

le théorème est donc démontré.

27. — Remarque. Si le point par rapport auquel on prend les moments des forces est situé sur la direction de la résultante, la somme algébrique des moments des composantes est égale à zéro, car alors $r = 0$. — On peut dire que dans ce cas il y a égalité entre la somme des moments des forces qui tendent à faire tourner dans un sens et celle des moments des forces qui tendent à faire tourner dans le sens contraire.

Réciproquement, si la somme algébrique des moments de plusieurs forces par rapport à un certain point de leur plan est égale à zéro, on a $Rr = 0$, et le facteur R n'étant pas supposé nul, $r = 0$, c.-à-d. que le point est situé sur la direction de la résultante des forces considérées.

Moments des forces parallèles.

28. — Moments des forces parallèles par rapport à un point. Le théorème de Varignon est applicable aux forces parallèles. Soient en effet les forces parallèles F, F' et R leur résultante. D'un point M pris dans leur plan, abaissons la perpendiculaire MK sur leur direction. La géométrie donne : $\dfrac{GH}{HK} = \dfrac{OB}{OA}$, mais $\dfrac{OB}{OA} = \dfrac{F}{F'}$ donc : $\dfrac{GH}{HK} = \dfrac{F}{F'}$.

Or $GH = MH - MG$, $HK = MK - MH$. Remplaçant ces quantités par leurs valeurs et effectuant, on trouve en remarquant que $R = F + F'$:

$$R \times MH = F \times MK + F' \times MG .$$

Si le point M était situé entre les 2 forces R et F' par exemple, on aurait :

$$R \times MH = F \times MK - F' \times MG .$$

Nous retrouvons donc ici les mêmes résultats que plus haut, (26) et nous pourrions, comme nous l'avons fait pour les forces appliquées au même point, faire voir que le théorème des moments est applicable à un nombre quelconque de forces parallèles situées dans le même plan. — Il va sans dire ici que nous conservons la convention relative aux signes des moments.

La remarque du N° 27 est applicable au cas des forces parallèles.

29. — Moments des forces parallèles par rapport à un plan. Lorsqu'il s'agit de forces parallèles on est amené à faire usage d'une autre espèce de moments. — On nomme moment d'une force par rapport à un plan le produit de l'intensité de la force par la distance de son point d'application au plan.

30. — Théorème. Le moment de la résultante d'un nombre quelconque

de forces parallèles par rapport à un plan, est égal à la somme algébrique des moments des composantes par rapport à ce plan.

1° *Cas de deux forces.* Soient F, F' deux forces parallèles, R leur résultante, A, B, O, les points d'application (fig. 20). Le théorème est évident si le plan choisi est parallèle à la ligne AB. Supposons donc ce plan mené de telle sorte que AB le rencontre en un point M. Prenant les moments par rapport à ce point, on a :

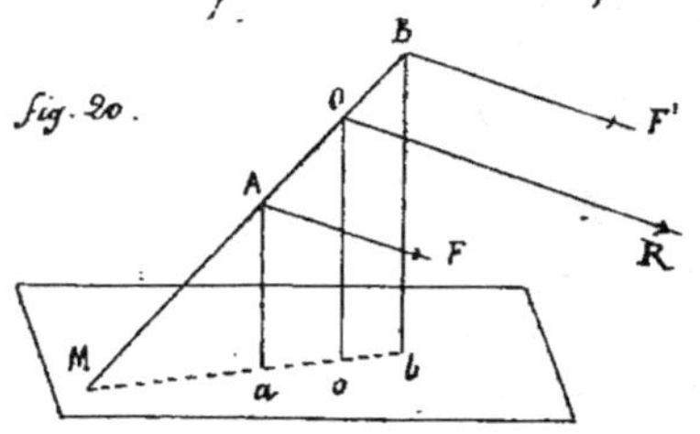

$$R \times MO = F \times MA + F' \times MB.$$

Mais les longueurs MO, MA, MB sont proportionnelles à Oo, Aa, Bb, perpendiculaires abaissées sur le plan ; les remplaçant par ces dernières, l'égalité n'est pas troublée. On a donc :

$$R \times Oo = F \times Aa + F' \times Bb \qquad c.\,q.\,f.\,d.$$

Lorsque les forces considérées sont de sens contraire, on affecte les unes du signe plus et les autres du signe moins. De même lorsque le plan choisi laisse d'un côté un point d'application et de l'autre côté les autres points, on considère comme positives les distances situées d'un côté du plan et comme négatives celles situées de l'autre côté.

2° *Cas d'un nombre quelconque de forces.* La démonstration est la même que celle du N° 26 (2° cas).

Centres de gravité.

31. — *Définitions.* On sait que l'action de la pesanteur s'exerce sur toutes les molécules d'un corps : chacune d'elles peut donc être considérée comme sollicitée par une force qui l'attire vers le centre de la terre. Toutes ces forces agissant sur des points très-voisins les uns des autres sont très-sensiblement parallèles ; elles ont par suite une résultante (

parallèle à leur direction et égale à leur somme. Cette résultante est le poids du corps.

Or si l'on donne à un corps différentes positions, les forces parallèles de la pesanteur tournent en quelque sorte autour de leurs points d'application en conservant leur parallélisme et leur intensité : leur résultante passe donc constamment par le même point. Ce point est le Centre de gravité du corps.

Ainsi on peut dire que le centre de gravité d'un corps est le centre des forces parallèles de la pesanteur qui s'appliquent à ce corps.

32. — Remarques. On suppose dans ce qui va suivre que les corps dont on s'occupe sont homogènes, c'est-à-dire formés d'une même substance distribuée uniformément de telle sorte que deux ou plusieurs parties d'un même corps ayant des volumes égaux ont aussi des poids égaux.

Quoique les surfaces et les lignes n'aient pas de poids, on leur attribue des centres de gravité. — Le centre de gravité d'une ligne est le centre des forces parallèles de la pesanteur que l'on suppose appliquées à tous les points de la ligne de telle sorte qu'à des longueurs égales correspondent des résultantes égales. De même, le centre de gravité d'une surface est le centre des forces parallèles de la pesanteur que l'on suppose appliquées à tous les points de cette surface, de telle sorte qu'à des aires égales correspondent des résultantes égales.

33. — Principes généraux. 1° Lorsqu'un corps homogène a un plan de symétrie, son centre de gravité est dans ce plan. — En effet, les molécules du corps sont placées symétriquement deux à deux de chaque côté du plan ; la résultante des poids de deux quelconques d'entr'elles a donc son point d'application dans le plan de symétrie, lequel contient par suite le point d'application de la résultante finale, c.-à-d. le centre de gravité.

2° Lorsqu'un corps homogène a un axe de symétrie, son centre de gravité est sur cet axe. — Un axe de symétrie peut en effet être considéré comme étant l'intersection de 2 plans de symétrie.

3° Lorsqu'un corps homogène a un centre de figure, ce point est le centre de gravité du corps. — En effet, un centre de figure partage en 2 parties égales toutes les droites de la figure qui y passent en aboutissant de part en d'autre à la surface du corps. Or, si l'on considère 2 molécules quelconques situées sur une ligne passant par le centre de figure et à égale distance de ce point, la résultante de leurs poids sera appliquée au centre de figure. Ce dernier est donc le point d'application de la résistance finale, c.-à-d. est le centre de gravité du corps.

4° Lorsqu'un corps peut se décomposer en plusieurs parties ayant toutes leurs centres de gravité dans le même plan ou sur la même droite, il a son centre de gravité dans ce plan ou sur cette droite. — En effet l'action de la pesanteur sur chaque partie du corps peut être représentée par une force unique égale au poids de la partie considérée et appliquée au centre de gravité de cette partie. Si donc toutes ces forces ont leurs points d'application dans le même plan ou sur la même droite, le point d'application de leur résultante, c.-à-d. le centre de gravité du corps sera lui-même dans le plan ou sur la droite.

34. — **Centres de gravité des figures.** Il résulte immédiatement des principes qui précèdent (1°),(2°),(3°), que :

Le centre de gravité d'une ligne droite est en son milieu ;

Le centre de gravité d'une circonférence ou d'un cercle est au centre même ;

Le centre de gravité d'un parallélogramme est à l'intersection des diagonales ;

Le centre de gravité d'une sphère est en son centre ;

Le centre de gravité d'un parallélipipède est à l'intersection des diagonales.

35. — **Centre de gravité du périmètre d'un triangle.** Soit le triangle ABC (fig. 21) : le centre de gravité de chacun des côtés est situé au milieu de ce

côté, on peut par suite considérer le périmètre comme sollicité par l'action de 3 forces parallèles f, f', f'' appliquées en H, K, I et proportionnelles aux longueurs des côtés correspondants. Si l'on compose les forces appliquées en I et H, leur résultante sera appliquée en un point O de la ligne IH tel que l'on ait $\frac{IO}{OH} = \frac{f}{f''} = \frac{AC}{AB}$. Mais si l'on joint KI, KH le triangle IKH semblable à ABC donnera la proportion $\frac{AC}{AB} = \frac{IK}{KH}$. La comparant avec la première, il vient :

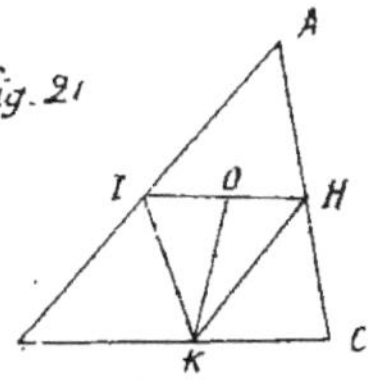

$$\frac{IO}{OH} = \frac{IK}{KH}.$$

Il résulte de cette proportion que la ligne KO est la bissectrice de l'angle IKH. Donc la résultante des 3 forces f, f', f'' aura son point d'application sur la bissectrice de l'un des angles du triangle formé en joignant les milieux des côtés du triangle donné. En composant les forces f, f', f'' dans un ordre différent on trouverait de même que la résultante doit être sur la bissectrice d'un second angle du triangle IHK ; elle est donc à la rencontre de ces bissectrices.

Donc, le centre de gravité du périmètre d'un triangle est situé au centre du cercle inscrit au triangle formé en joignant les milieux des côtés du triangle donné.

Remarque. Pour déterminer le centre de gravité d'un contour polygonal quelconque, on n'a qu'à supposer appliquées aux milieux de ses côtés des forces parallèles et proportionnelles aux longueurs de ceux-ci et qu'à les composer ensuite.

36. — Centre de gravité de l'aire d'un triangle. Soit le triangle ABC (fig. 22) ;
Supposons le décomposé en tranches infiniment minces parallèles à l'un des côtés BC par exemple. Le centre de gravité de chacune de ces tranches sera en son milieu. Or, si l'on mène la médiane AM, comme elle passe

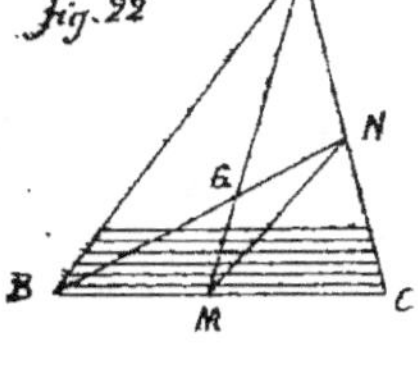

par les milieux de toutes les tranches, elle contient tous leurs centres de gravité et par suite aussi celui du triangle. Un raisonnement semblable prouverait que le centre de gravité se trouve aussi sur la médiane BN, il est donc en G à leur rencontre. — Or, si l'on joint MN, on reconnaît aisément par la comparaison des triangles semblables que $GM = \frac{1}{2} AG = \frac{1}{3} AM$. Donc: *Le centre de gravité de l'aire d'un triangle est situé sur l'une quelconque des médianes, en son tiers à partir de la base.*

Remarque 1. Le centre de gravité d'un triangle n'est autre que celui d'un système de 3 poids égaux ou forces égales appliquées aux 3 sommets A, B, C de ce triangle. En effet, si l'on compose les 2 poids égaux en B et en C, la résultante sera égale au double de l'un d'eux et sera appliquée au milieu M de BC. En composant cette résultante avec le poids placé en A, on aura la résultante finale dont le point d'application sera en G, car il doit diviser la ligne AM en segments inversement proportionnels à 2 et 1.

Remarque 2. On obtient le centre de gravité de l'aire d'un polygone quelconque en le décomposant en triangles aux centres de gravité desquels on suppose appliquées des forces parallèles et de même sens proportionnelles aux surfaces de ces triangles : on n'a plus qu'à composer ces forces.

37. — Centre de gravité de l'aire d'un trapèze. Soit le trapèze ABCD (fig. 23). On reconnaît d'abord aisément en l'imaginant décomposé en tranches infiniment minces parallèles aux bases, que le centre de gravité doit être situé sur la ligne IK, qui joint les milieux des côtés parallèles. Nous allons chercher maintenant la position qu'il occupe sur cette ligne. — Pour cela, menons la diagonale AD, joignons AI, DK, prenons $Ig' = \frac{AI}{3}$, $Kg = \frac{DK}{3}$, et joignons gg'. Le point G où gg' rencontre IK est le centre de gravité du trapèze, car g et g' sont les

centres de gravité des deux triangles qui le composent. Supposons appliquées en G, g, g' trois forces parallèles et de même sens proportionnelles aux surfaces du trapèze et de chacun des triangles, et imaginons un plan passant par AC perpendiculaire à celui du trapèze. Nous aurons en appliquant le théorème des moments (30) après avoir nommé B et b les bases du trapèze, h sa hauteur et x la distance du point G à la base AC :

$$\left(\frac{B+b}{2}\right) hx = \frac{Bh}{2} \times \frac{h}{3} + \frac{bh}{2} \times \frac{2h}{3}$$

et simplifiant :
$$(B+b)x = \frac{h}{3}(B+2b) \qquad (1).$$

Concevons maintenant un plan perpendiculaire à celui du trapèze et passant par ED. Nous aurons en nommant y la distance du point G à ce plan et appliquant encore le théorème des moments :

$$\left(\frac{B+b}{2}\right) hy = \frac{Bh}{2} \times \frac{2h}{3} + \frac{bh}{2} \times \frac{h}{3}$$

et simplifiant :
$$(B+b)y = \frac{h}{3}(2B+b) \qquad (2).$$

Divisant (1) par (2), il vient :
$$\frac{x}{y} = \frac{B+2b}{2B+b}.$$

Le centre de gravité du trapèze partage donc la ligne qui joint le milieu des bases en parties qui sont entr'elles comme la grande base plus 2 fois la petite est à la petite plus 2 fois la grande.

Ou déduit de là la construction suivante pour le déterminer. Ayant joint les milieux des bases, on prolonge la petite base d'un côté d'une quantité égale à la grande, et celle-ci du côté opposé d'une quantité égale à la petite. On joint les extrémités des prolongements et la rencontre de cette ligne avec la première est le point demandé.

38. — Centre de gravité de l'aire d'un quadrilatère quelconque.
Soit le quadrilatère $ABCD$ (fig. 23bis). Menons la diagonale BC et joignons son milieu M aux sommets A et D. Les centres de gravité des triangles BAC, BDC sont situés en g et g' à des distances $gM = \frac{1}{3}AM$ et $g'M = \frac{1}{3}DM$.

Le centre de gravité du quadrilatère sera donc sur la ligne gg' en un point G tel que l'on ait :

$$\frac{Gg}{Gg'} = \frac{s'}{s}$$

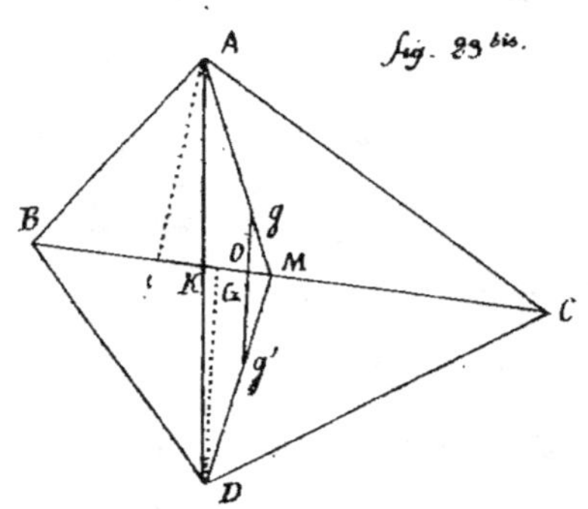

s' étant l'aire du triangle BDC et s celle du triangle BAC. Ces triangles ayant même base BC sont comme leurs hauteurs et celles-ci sont comme les segments AK, KD de la diagonale AD. Or cette diagonale est parallèle à gg' qui divise en parties proportionnelles les côtés AM, DM du triangle AMD, on a donc :

$$\frac{s'}{s} = \frac{DK}{AK} = \frac{g'o}{go}$$

par suite :

$$\frac{Gg}{Gg'} = \frac{g'o}{go} \quad \text{d'où l'on tire : } Gg = g'o$$

Le centre de gravité s'obtiendra donc en joignant 2 sommets opposés A et D au milieu M de la diagonale BC, joignant les points situés au tiers de ces lignes à partir du point M et prenant sur la droite ainsi obtenue à partir de l'une de ses extrémités g une longueur gG égale à la longueur $g'o$ comprise entre l'autre extrémité g' et le point o où la ligne gg' coupe la diagonale BC.

39. ── Centre de gravité d'une pyramide triangulaire. Soit la pyramide $SABC$ (fig. 24): Supposons-la décomposée en tranches infiniment minces parallèles à l'une des faces, ABC par exemple : le centre de gravité de chaque tranche peut être regardé comme étant confondu avec celui du triangle qui lui sert de base. Or la ligne SI qui joint le point S au centre de gravité de la face ABC coupe tous ces triangles en leurs centres de gravité, donc celui de la pyramide sera également sur cette ligne SI. Par une raison semblable, il doit être situé sur la ligne A

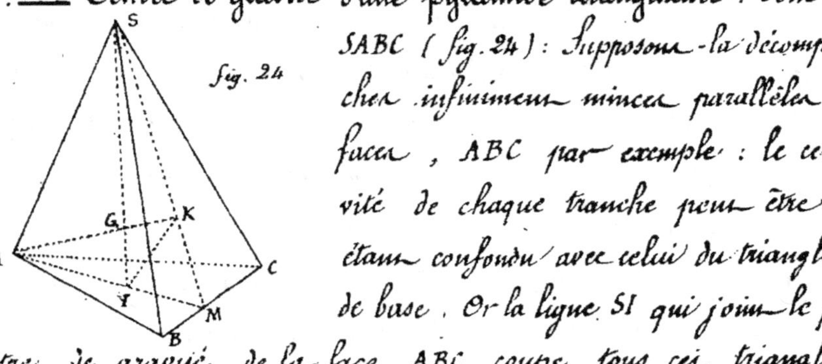

qui joint le sommet A au centre de gravité de la face opposée SBC. Il sera donc en leur rencontre en G.

En joignant IK, on a deux triangles semblables GIK, SAG qui donnent : $\frac{GI}{SG} = \frac{IK}{SA}$. Or $\frac{IK}{SA} = \frac{KM}{SM} = \frac{3}{1}$, donc $GI = \frac{SG}{3}$ et par suite $= \frac{SI}{4}$.

Le centre de gravité d'une pyramide triangulaire est donc situé sur la ligne qui joint l'un des sommets au centre de gravité de la face opposée, au quart de cette ligne à partir de la face.

Remarque 1. Le centre de gravité d'une pyramide triangulaire n'est autre que celui d'un système de 4 poids égaux ou forces égales parallèles appliquées aux 4 sommets de la pyramide.

Remarque 2. Le centre de gravité d'une pyramide à base quelconque est sur la ligne qui joint le sommet au centre de gravité de la base au quart de cette ligne à partir de la base. — En effet, si l'on décompose une pyramide quelconque en tranches infiniment minces parallèles à la base, on pourra considérer le centre de gravité de chacune d'elles comme coïncidant avec celui du polygone qui lui sert de base. Or la ligne qui joint le sommet de la pyramide au centre de gravité de la base passe par les centres de gravité de toutes les sections parallèles à cette base : le centre de gravité de la pyramide doit donc se trouver sur cette droite. — D'autre part, il doit être sur la section faite parallèlement à la base au ¼ de la hauteur de la pyramide à partir de la base, car cette section contient les centres de gravité des pyramides triangulaires que l'on formerait en décomposant la pyramide donnée par des plans menés par le sommet et les diagonales du polygone de base. Le centre de gravité se trouve donc enfin à la rencontre de la droite avec la section, c. à. d. au quart de la longueur de cette droite à partir de la base.

40. — Nous nous contenterons d'énoncer les propositions suivantes :

Le centre de gravité d'un prisme quelconque est au milieu de la ligne qui joint les centres de gravité des 2 bases.

Le centre de gravité d'un cylindre droit à base circulaire est au milieu de l'axe ; celui d'un cône droit à base circulaire est sur l'axe, au quart de sa longueur à partir de la base.

Le centre de gravité d'un polyèdre quelconque s'obtient en le décomposant en pyramides triangulaires aux centres de gravité desquelles on suppose appliquées des forces parallèles et de même sens proportionnelles à leurs volumes : on n'a ensuite qu'à composer ces forces.

41. — Méthode pratique pour déterminer le centre de gravité d'un corps. On suspend le corps à un point fixe à l'aide d'une corde attachée à l'un des points de sa surface ; la direction verticale de la corde étant prolongée passe par le centre de gravité puisque le corps est en équilibre. On suspend ensuite le corps par un autre point de sa surface, on a ainsi une seconde direction sur laquelle se trouve le centre de gravité. On l'obtient donc à la rencontre de ces deux directions.

Composition d'un système quelconque de forces appliquées à un corps solide.

42. — Soient F, F', F''...... un nombre quelconque de forces appliquées à des points m, m', m''.... invariablement liés entr'eux (fig. 25). Prenons à volonté trois points A, B, C, soit appartenant au corps, soit au dehors, pourvu qu'ils soient liés invariablement à ceux du système. Nous pouvons décomposer la force F en trois autres suivant les directions mA, mB, mC et transporter les points

d'application de ces trois forces en A, B et C. — Chaque force du système pouvant être soumise à une décomposition analogue, toutes les forces appliquées au corps se trouveront ainsi remplacées par trois groupes de forces ayant pour points d'application A, B et C. Chacun de ces groupes peut être lui-même remplacé par une force unique, de telle sorte que le système se trouve dès à présent réduit à 3 forces P, Q, S appliquées en A, B, C (fig. 26).

Supposons maintenant qu'on ait joint CA, CB ; par CA et la direction de la force P faisons passer un plan, de même aussi par CB et la direction de la force Q. Soit CD l'intersection de ces deux plans et O un point lié invariablement au système et pris sur l'intersection ou dans le plan PACBQ, dans le cas où les deux plans n'en formeraient qu'un seul. Nous pouvons décomposer la force P en deux autres dirigées suivant AO, AC et transporter les points d'application de ces deux forces en O et en C. De même la force Q peut être décomposée en deux autres, suivant BO, BC, et appliquées en O et en C. — De cette façon le système se compose actuellement de deux forces appliquées en O et de trois appliquées en C. Les deux premières se composent en une seule R, les trois autres en une seule R'. En résumé donc toutes les forces appliquées au corps sont réduites à deux dont l'une passe par le point C pris à volonté.

En général, un système d'autant de forces que l'on voudra appliquées à un corps solide est réductible à deux dont l'une est appliquée à un point pris à volonté soit dans le corps, soit au dehors pourvu qu'on le suppose invariablement lié au corps.

43. — Condition générale de l'équilibre. Pour qu'un système de forces appliquées à un corps solide libre soit en équilibre, il faut et il

suffit que les deux forces par lesquelles on peut remplacer toutes les autres soient égales et directement opposées. Supposons en effet les 2 forces R, R' en équilibre et fixons un point quelconque sur la direction de la force R; l'équilibre ne sera pas troublé, et comme l'effet de la force R est détruit, celui de la force R' l'est également, cette dernière a donc sa direction passant par le point fixe et par suite se confondant avec celle de la force R. Les 2 forces R, R' étant en équilibre et ayant même direction sont égales et de sens contraires. La condition énoncée est donc nécessaire. Elle est d'ailleurs évidemment suffisante..

    Remarque. Si les 2 forces R, R' auxquelles on ramène le système des forces proposées sont dans le même plan et ne sont pas parallèles, elles admettent une résultante unique; il en est de même si elles sont parallèles sans être égales et de sens contraires. - Si elles sont parallèles, égales, de sens contraires et non directement opposées, elles forment un couple et par suite le système n'a pas de résultante unique. Enfin si elles ne sont pas dans le même plan elles n'ont pas de résultante unique. Supposons en effet qu'elles en aient une, il y aura équilibre en appliquant au corps une force F égale et directement opposée à cette résultante (fig. 27). Fixons un point M de la direction de la force R et un point H de la direction de F, l'équilibre n'étant pas troublé, la force R' doit passer par la ligne MH considérée comme axe fixe. On reconnaît de même en fixant un nouveau point M' de la direction OR et encore le point H, qu'elle doit passer par l'axe fixe M'H. Elle serait donc dans le même plan avec la force R, ce qui est contre l'hypothèse.

    Un système d'autant de forces que l'on veut appliquées au même corps n'a donc de résultante unique que si les 2 forces R, R' n'étant pas en équilibre sont dans le même plan et n'y forment pas un couple.

44. — Conditions de l'équilibre d'un corps gêné par un obstacle. La condition générale de l'équilibre qui vient d'être établie suppose le corps auquel sont appliquées les forces entièrement libre dans l'espace. — Nous nous proposerons actuellement d'examiner moyennant quelles conditions a lieu l'équilibre d'un corps gêné dans ses mouvements par un obstacle. — Nous considèrerons 3 cas suivants: que l'obstacle est un point fixe, un axe fixe ou un plan fixe.

1° L'obstacle est un point fixe. Si des forces sont appliquées à un corps assujetti à tourner autour d'un point fixe, on peut les réduire toutes à deux dont l'une passe par ce point et se trouve ainsi détruite, il faut donc et il suffit pour l'équilibre que l'autre force passe aussi par le point fixe, car autrement elle ferait tourner le corps autour de ce point. — Les 2 forces passant par le même point s'y composent en une seule qui est ainsi la résultante de toutes celles appliquées au corps. On peut donc formuler comme il suit la condition d'équilibre dans ce cas: il faut et il suffit que toutes les forces appliquées au corps aient une résultante unique passant par le point fixe. —

Cette résultante représente la pression sur ce point

2° L'obstacle est un axe fixe. Toutes les forces qui sollicitent un corps assujetti à tourner autour d'un axe fixe ayant été réduites à deux dont l'une passe par un point de l'axe, il faut et il suffit pour l'équilibre que l'autre soit dans le même plan avec l'axe. En effet, dans ce cas, ou elle rencontre l'axe et est alors détruite par sa résistance, ou elle lui est parallèle et tend alors à faire glisser le corps le long de l'axe, mouvement qui n'est pas possible. D'ailleurs, si cette seconde force n'était pas dans le même plan avec l'axe, elle ferait tourner le corps.

La condition de l'équilibre dans le cas actuel peut donc s'énoncer ainsi: il faut et il suffit que toutes les forces qui sollicitent le corps étant réduites à deux dont l'une passe par un point de l'axe fixe, l'autre soit située dans le même plan avec cet axe.

3° L'obstacle est un plan fixe. Lorsqu'un point matériel est pressé contre un plan fixe et inébranlable par une force normale à ce plan, il reste en équilibre : Il n'y a pas de raison en effet pour qu'il se meuve d'un côté plutôt que d'un autre, puisque toutes les directions qu'il pourrait prendre dans le plan forment le même angle avec la direction de la force.

Si au contraire celle-ci était inclinée sur le plan, on pourrait la décomposer en deux autres, l'une normale au plan qui serait détruite et l'autre située dans le plan qui ferait glisser le point le long de ce plan. Il n'y aurait donc pas équilibre.

On peut donc considérer la résistance d'un plan fixe en un point comme une force normale au plan tendant à éloigner le point de ce plan. Il en résulte pour l'équilibre d'un corps qui s'appuie par un seul point contre un plan la condition suivante : toutes les forces appliquées au corps doivent avoir une résultante unique normale au plan et cette résultante doit passer par le point de contact.

Lorsque le corps touche le plan en plusieurs points, chacun des points de contact donne naissance à une résistance normale au plan et appliquée en ce point. Toutes ces résistances étant des forces parallèles et de même sens ont une résultante unique dont la direction rencontre le plan dans l'intérieur du polygone convexe formé en joignant les points d'appui. Pour que le corps soit en équilibre, il faut donc que les forces qui lui sont appliquées fassent équilibre à cette résultante et par suite qu'elles puissent se réduire à une seule normale au plan et dirigée dans l'intérieur du polygone convexe formé en joignant les points d'appui.

Lorsqu'il n'y a qu'un point d'appui, il est évident que la pression qu'il supporte est la résultante des forces qui sont appliquées au corps.

S'il y a deux points d'appui, on obtient les pressions qu'ils supportent en décomposant en deux forces parallèles appliquées en ces points la résultante des forces qui sollicitent le corps, résultante qui doit nécessairement rencontrer la droite qui joint les deux points entre ceux-ci.

S'il y a trois points d'appui en ligne droite, les pressions qu'ils supportent séparément sont indéterminées, car il y a une infinité de manières de décomposer la résultante en 3 forces parallèles appliquées à ces 3 points.

Supposons maintenant que le corps repose sur un plan par trois points non en ligne droite. Soient A, B, C ces points (fig. 28) et O le point par lequel passe la résultante des forces qui sollicitent le corps. On peut décomposer cette résultante R en deux forces parallèles p et q appliquées en C et I, et la force q en deux autres parallèles appliquées en A et B. Et

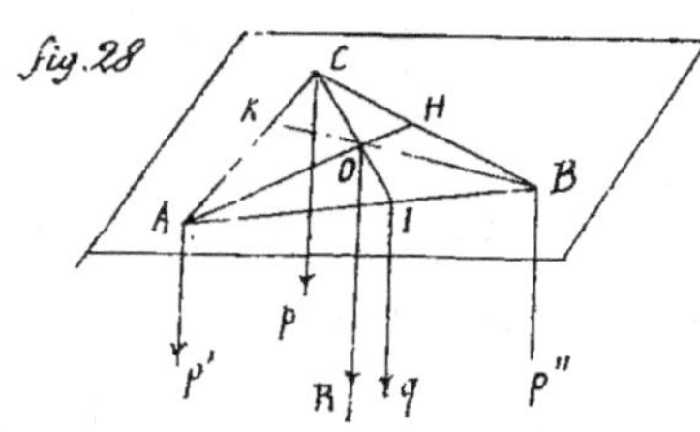

il est facile de reconnaître que : $\dfrac{p}{R} = \dfrac{OI}{CI} = \dfrac{AOB}{ACB}$; $\dfrac{P'}{R} = \dfrac{OH}{AH} = \dfrac{COB}{ACB}$; $\dfrac{P''}{R} = \dfrac{OK}{BK} = \dfrac{COA}{ACB}$

on déduit de là la suite de rapports égaux :

$$\frac{P}{AOB} = \frac{P'}{COB} = \frac{P''}{COA}.$$

Si donc on représente la résultante R par l'aire du triangle ABC formé en joignant les points d'appui, les pressions supportées par ces points seront représentées par les aires respectives des triangles ayant pour sommets le point d'application de la résultante et pour bases chacun des côtés opposés aux points que l'on considère.

Les pressions sont indéterminées lorsqu'il y a plus de 3 points d'appui.

Des machines simples.

45. — Définitions. On nomme machines des appareils à l'aide desquels on peut faire équilibre à certaines forces au moyen d'autres forces qui ne sont ni égales, ni directement opposées aux premières. — On arrive

à ce résultat en gênant dans leurs mouvements, au moyen d'obstacles fixes, les corps qui composent les machines.

On nomme machine simple celle qui est formée d'un seul corps solide. Suivant que l'obstacle qui gêne le mouvement est un point fixe, une droite fixe ou un plan inébranlable, la machine prend le nom de levier, de tour ou treuil ou de plan incliné.

Du levier.

46. — Définition. Le levier est un corps solide, mobile en tous sens autour d'un point fixe que l'on nomme point d'appui et auquel s'appliquent des forces.

47. — Condition générale d'équilibre du levier. Pour qu'un levier soit en équilibre, il faut et il suffit que toutes les forces appliquées à la machine aient une résultante unique passant par le point d'appui. En effet, toutes les forces qu'on peut imaginer appliquées à un levier en équilibre, peuvent se réduire à deux R, R' (42) dont l'une passe par un point pris à volonté et qui, par conséquent, peut être le point d'appui. Cette force étant détruite par la résistance de ce point, il faut donc et il suffit pour l'équilibre, que l'autre force passe aussi par ce même point. Les deux forces R, R' passant par le point d'appui s'y composent en une seule qui est la résultante de toutes les forces appliquées à la machine. Cette résultante représente la pression exercée sur le point d'appui, abstraction faite du poids du levier.

48. — Relation entre la puissance et la résistance. Lorsqu'un levier n'est sollicité que par deux forces, l'une se nomme la puissance et l'autre la résistance ; cette dernière provient de l'obstacle que l'on veut vaincre à l'aide de la puissance. Le poids du levier doit être ajouté à ces deux forces, à moins que dans la position d'équilibre, la verticale menée par

le centre de gravité de l'appareil ne passe par le point d'appui. Dans ce cas en effet, la force provenant du poids du levier se trouve détruite.

Soit un levier AOB, P la puissance appliquée en A, Q la résistance appliquée en B et O le point d'appui (fig. 29). Supposons que l'on fasse abstraction du poids de la barre. Pour que les deux forces P et Q aient une résultante passant par le point O, il faut qu'elles soient dans le même plan avec ce point. De plus pour qu'il y ait équilibre, les moments des 2 forces par rapport au point O doivent être égaux et de signes contraires. Ces moments sont $P \times OK$ et $Q \times OH$, OK et OH étant des perpendiculaires abaissées sur les directions des forces, on doit donc avoir :

$$P \times OK = Q \times OH \qquad \text{ou} \qquad \frac{P}{Q} = \frac{OH}{OK}.$$

C'est-à-dire que les forces doivent être inversement proportionnelles à leurs distances au point d'appui. En résumé donc, pour qu'un levier sollicité par deux forces seulement soit en équilibre, il faut et il suffit 1° que les directions de ces forces soient dans un même plan avec le point d'appui ; 2° que leurs intensités soient inversement proportionnelles à leurs distances à ce point ; 3° qu'elles tendent à faire tourner en sens contraires.

Les distances OK, OH se nomment, la 1ère le bras de levier de la puissance, l'autre, le bras de levier de la résistance.

La pression supportée par le point d'appui est égale, en faisant toujours abstraction du poids du levier, à la résultante des deux forces P et Q. Elle vaut donc :

$$\sqrt{P^2 + Q^2 + 2\, P.Q \, \cos (P,Q)}$$

49. — **Différents genres de levier.** On distingue trois genres de leviers. Lorsque le point d'appui est situé entre la puissance et la résistance, le levier est dit du 1er genre. Exemples : la balance ordinaire, les ciseaux, la pince des ouvriers. — Lorsque la résistance est placée entre le point d'appui et la puissance,

le levier est dit du 2ᵉ genre. Dans ce levier la puissance est toujours inférieure à la résistance. Exemples : la brouette, le casse-noisette, les rames. —
Enfin, lorsque la puissance est située entre le point d'appui et la résistance, le
levier est dit du 3ᵉ genre. Dans ce levier la puissance est toujours supérieure à
la résistance. Exemple : les pincettes, la pédale du rémouleur.

Remarque 1. Si l'on veut tenir compte du poids du levier, il faut
le considérer comme une force verticale appliquée au centre de gravité de la machine.

Remarque 2. Lorsque le levier est une barre droite et que la puissance et la résistance sont parallèles (fig 30), les

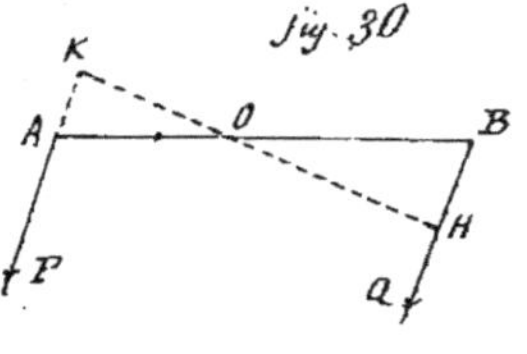

longueurs OA, OB sont proportionnelles aux bras de
levier OK, OH. Dans le cas de l'équilibre, les forces sont
donc inversement proportionnelles à ces longueurs OA, OB.

Des balances.

50. — Définition. On nomme balances des instruments qui servent à
déterminer le poids relatif des corps.

51. — Balance ordinaire. La balance ordinaire se compose essentiellement d'un levier du 1ᵉʳ genre nommé fléau aux extrémités duquel sont suspendus deux plateaux destinés à recevoir, l'un le corps à peser, l'autre les
corps (grammes, kilogrammes, etc.) qui servent à déterminer son poids relatif.
Le fléau est traversé perpendiculairement en son milieu par un prisme triangulaire qui fait corps avec lui et repose par son arête inférieure sur
deux plans d'agate ou d'acier trempé. Cette arête est l'axe autour duquel le
fléau peut osciller. Deux autres prismes sont adaptés aux extrémités du
fléau ; leur arête vive dirigée en haut reçoit les crochets à l'aide desquels
sont suspendus les plateaux. Les trois prismes dont on vient de parler por-
tent le nom de couteaux. Les points où les crochets des plateaux reposent sur
les couteaux se nomment les points de suspension des plateaux.

Il importe, comme on le verra plus loin, que la droite qui joint les points de suspension passe par l'axe de rotation du fléau. — Cette condition étant supposée remplie, on peut regarder le fléau comme une ligne droite aux extrémités de laquelle sont appliquées deux forces verticales égales aux poids des plateaux et des corps qui y sont contenus.

Une bonne balance doit être juste et sensible.

52. — Conditions de justesse. Une balance juste est celle dans laquelle deux poids égaux quelconques placés dans les plateaux se font exactement équilibre.

Il faut pour cela que les deux bras du fléau, c-à-d. les distances de l'axe de rotation aux points de suspension soient d'égale longueur, et que la verticale du centre de gravité du fléau passe par le point d'appui.

En effet, soient (fig. 31) $AO = l$, $OB = l'$, P la valeur commune des poids des deux plateaux chargés et ω le poids du fléau que nous supposons appliqué en son centre de gravité G à une distance δ du point O. Le système étant en équilibre, le théorème des moments donne :

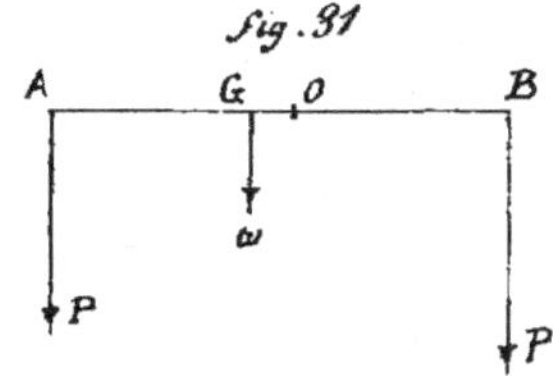

$$P \times l + \omega \times \delta - P \times l' = 0$$

$$\text{ou} \quad P(l-l') + \omega \times \delta = 0 .$$

Cette relation devant exister quelle que soit la valeur de P, on doit avoir :

$$l = l' \quad \text{et} \quad \delta = 0 .$$

ce qui établit les conditions indiquées.

On reconnaît que la condition relative à la verticale du centre de gravité est remplie lorsque la balance étant en repos et placée sur un plan bien horizontal, le fléau est lui-même horizontal. Cette horizontalité se constate à l'aide d'une aiguille fixée au fléau et dont la pointe doit alors se trouver sur le zéro d'un arc métallique gradué fixé à l'axe vertical sur lequel repose le fléau.

Quant à la condition d'égalité des bras du fléau, on reconnaît qu'elle est remplie lorsqu'ayant mis dans les plateaux deux poids P et P' qui s'y font équilibre, cet équilibre subsiste encore lorsqu'on vient à changer les poids de plateau. En effet, l, l' étant les longueurs des bras du fléau et la verticale du centre de gravité passant par le point d'appui, on a successivement.

$$P \times l = P' \times l' \quad \text{et} \quad P \times l' = P' \times l.$$

Divisant membre à membre, il vient $\frac{l}{l'} = \frac{l'}{l}$, d'où : $l = l'$.

Remarque. On peut à l'aide d'une balance à bras inégaux obtenir exactement le poids d'un corps, pourvu que la verticale du centre de gravité du fléau passe par le point d'appui. Soient en effet l, l' les longueurs des bras x le poids d'un certain corps et P, P' les poids qui lui font équilibre lorsqu'on le place successivement dans les deux plateaux. On a : $x \times l = P \times l'$ et $x \times l' = P' \times l$.
Multipliant membre à membre, il vient : $x^2 = P \times P'$

$$\text{d'où} : \quad x = \sqrt{P \times P'}.$$

La valeur du poids cherché est donc une moyenne proportionnelle entre celles des poids qui lui ont fait équilibre.

Double pesée de Borda. On peut obtenir le poids exact d'un corps avec une balance qui n'est pas juste au moyen de la double pesée de Borda. Cette méthode consiste à faire équilibre au corps dont on veut le poids à l'aide d'un corps quelconque, du sable par exemple, puis à remplacer le corps par des poids jusqu'à ce que l'équilibre soit rétabli : Ces poids représentent exactement celui du corps.

53. — **Conditions de sensibilité**. Une balance sensible est celle dont le fléau perd sa position horizontale pour une très faible différence entre les poids placés dans les plateaux.

Pour qu'une balance soit sensible, il faut d'abord que le centre de gravité du fléau, placé au dessous du point d'appui, soit très rapproché de ce point

Nous commencerons par établir que le centre de gravité du fléau doit être situé au-dessous du point d'appui.

En effet, si on le suppose placé au-dessus, dès que le fléau sera dérangé de sa position horizontale, il fera la bascule sans pouvoir reprendre cette position puisque son poids agira dans le même sens que le bras incliné au-dessous de l'horizon, c.-à-d. tendra à l'abaisser davantage. — On dit alors que la balance est folle. — Lorsque dans ce cas, le fléau est horizontal, il est à l'état d'équilibre instable. On nomme ainsi l'état d'un corps qui, dérangé de sa position d'équilibre, tend à s'en écarter de plus en plus.

Imaginons ensuite le centre de gravité coïncidant avec le point d'appui. Il est aisé de voir qu'alors deux poids égaux se feront équilibre dans toutes les positions du fléau et que pour la plus légère différence de poids, le fléau s'inclinera indéfiniment jusqu'à la rencontre d'un obstacle qui l'arrête. Une telle balance est à l'état d'équilibre indifférent. On nomme ainsi l'état d'un corps qui reste en équilibre dans toutes les positions qu'on lui donne.

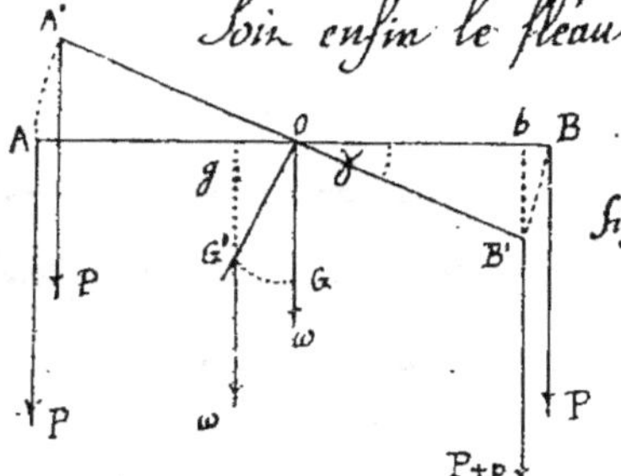

Soit enfin le fléau AOB ayant son centre de gravité G placé au-dessous du point d'appui O et désignons par P chacun des poids égaux placés dans les plateaux. Supposons le fléau dérangé de sa position d'équilibre et amené en A'B'. Le centre de gravité viendra alors en G' et sous l'influence du poids ω du fléau, il tendra à reprendre sa position primitive en G et à ramener ainsi à sa 1ère position le fléau qui la reprendra après quelques oscillations. Dans le cas actuel, la balance est à l'état d'équilibre stable. On nomme ainsi l'état d'un corps qui, dérangé de sa position d'équilibre tend à la reprendre.

Supposons maintenant que le fléau étant horizontal, on ajoute

fig. 32

au poids F appliqué en B un poids p , le bras OB va s'abaisser et le fléau tendra à prendre une nouvelle position d'équilibre A'B', à laquelle il arrivera lorsque les moments $p \times ob$ et $\omega \times og$ deviendront égaux, ce qui d'ailleurs ne saurait manquer d'être à un certain moment puisque OB diminue tandis que Og augmente à mesure que le fléau s'incline . On a donc lorsque l'équilibre est établi

$$p \times Ob = \omega \times Og .$$

Or, en appelant γ l'angle d'inclinaison BOB', ℓ la longueur commune des deux bras, et δ la distance OG, les triangles bOB', OgG' donnent

$$Ob = \ell \cos \gamma \quad et \quad Og = \delta \sin \gamma$$

on a donc : $p\ell \cos \gamma = \omega \delta \sin \gamma$, d'où l'on tire :

$$tg \, \gamma = \frac{p\ell}{\omega \delta}$$

On déduit de cette dernière formule que pour un même poids p , le fléau s'inclinera d'autant plus que δ sera moindre ainsi que ω et que ℓ sera plus grand

En résumé donc une balance sera d'autant plus sensible que le centre de gravité du fléau sera plus rapproché du point d'appui, et que le fléau sera plus long et plus léger.

Remarque. Il résulte de ce qui précède que la sensibilité de la balance est indépendante de la charge des plateaux. Or, nous avons raisonné dans le cas des points de suspension en ligne droite avec le point d'appui. Nous allons faire voir actuellement que s'il n'en était pas ainsi la sensibilité dépendrait de la charge et diminuerait avec elle.

Soit donc un fléau coudé à bras égaux AOB (fig. 33) faisant chacun avec l'horizontale HH' menée par le point d'appui O dans le plan de la figure un angle α. Nommons P chacun des poids égaux appliqués en A et B, ω le poids du fléau appliqué au centre de gravité G , δ la distance OG , γ l'angle dont tourne le fléau lorsqu'on ajoute en A un poids p, et ℓ chacun des deux bras. Les poids égaux en A' et B' peuvent être composés

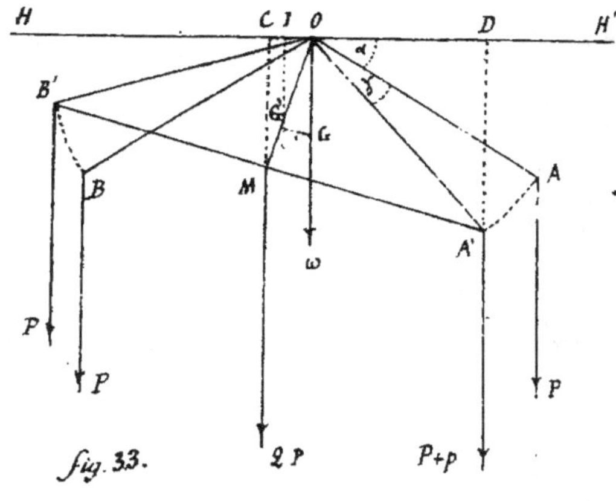

fig. 33.

en un seul $2P$ appliqué au point M milieu de AB'. L'équation d'équilibre est donc ici :

$$2P \times OC + \omega \times OI = p \times OD$$

Or les triangles rectangles OMC, OMB', OiI, ODA' donnent :

$$OC = OM \sin \gamma = \ell \sin \alpha \sin \gamma.$$
$$OI = \delta \sin \gamma.$$
$$OD = \ell \cos (\alpha + \gamma).$$

Donc : $2P\ell \sin\alpha \sin\gamma + \omega\delta \sin\gamma = p\ell \cos(\alpha+\gamma) = p\ell \cos\alpha \cos\gamma - p\ell \sin\alpha \sin\gamma.$
d'où l'on tire :
$$\operatorname{tg}\gamma = \frac{p\ell \cos\alpha}{\ell(2P+p)\sin\alpha + \omega\delta}$$

La sensibilité dépend donc ici de la charge $2P$ et diminue lorsque celle-ci augmente.

Si l'on fait $\alpha = 0$, on retrouve la formule $\operatorname{tg}\gamma = \frac{p\ell}{\omega\delta}$.

55. Balance romaine. La balance romaine est un levier du 1er genre à bras inégaux avec lequel on obtient le poids d'un corps à l'aide d'un poids qui ne lui est pas égal. Elle se compose d'un fléau à l'une des extrémités duquel est suspendu un plateau propre à recevoir les corps à peser. Un poids mobile est accroché au fléau au moyen d'un anneau qui lui permet de glisser à volonté.

Soient (fig. 34) AB le fléau, o son point de suspension ou point d'appui, G la position du centre de gravité de l'appareil avant qu'on lui ait appliqué le poids mobile p, et H le point où ce poids doit être placé pour qu'il y ait équilibre. On aura en nommant ω le poids de l'appareil $\omega \times GO = p \times OH$.

Supposons maintenant que l'on mette un poids F dans le plateau, l'équilibre

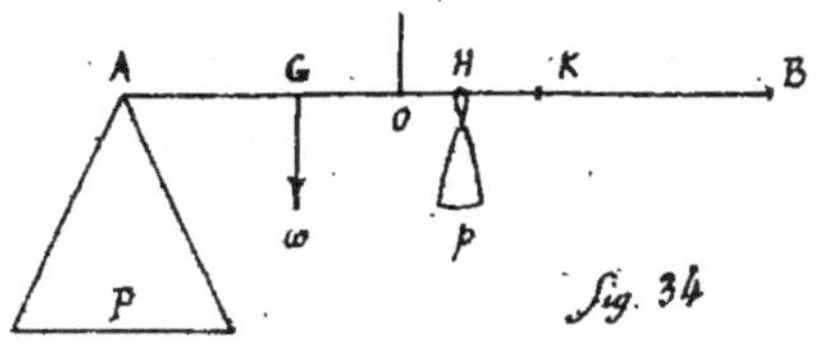

fig. 34

sera détruit, et il faudra pour le rétablir placer le poids p en un point K tel que l'on ait : $P \times AO + \omega \times GO = p\,(OH + HK) = p \times OH + p \times HK$.

Supprimant d'un côté $\omega \times GO$ et de l'autre son égal $p \times OH$, il vient

$$P \times AO = p \times HK \qquad \text{d'où} \qquad HK = P \times \frac{AO}{P}$$

AO et p étant des constantes, HK varie donc proportionnellement à P.

Il en résulte que pour graduer la romaine, on marquera zéro au point H, puis plaçant dans le plateau le poids que l'on veut prendre pour unité; un kilogramme par exemple, on cherchera le point K où il faut amener le poids p pour qu'il y ait équilibre. On marquera 1 en ce point et l'on portera à la suite sur la longueur du fléau des distances successives égales chacune à HK, on n'aura plus qu'à inscrire 2, 3, 4 ..... aux extrémités de ces longueurs.

56. — **Bascule du commerce.** Cette balance inventée par Quintenz se compose essentiellement de deux leviers du second genre et d'un levier du premier. L'un des leviers du second genre BC est revêtu d'un tablier destiné à recevoir les corps ; il s'appuie en B sur l'autre levier du second

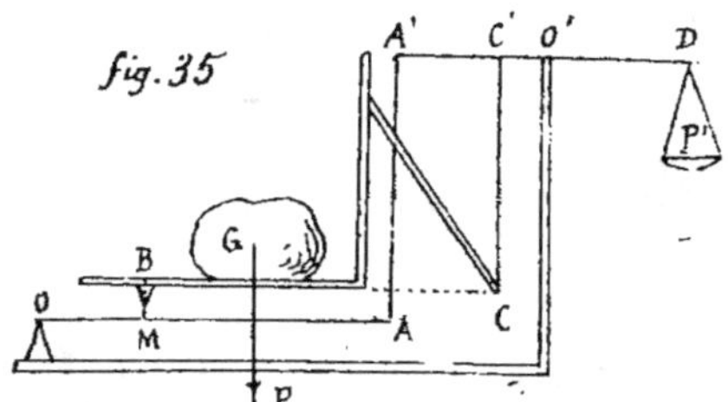

genre OA lequel est mobile autour du point fixe O. Le levier BC est relié à l'aide d'un arc-boutant à une tringle verticale CC' dont l'extrémité C' est articulée au levier du 1er genre A'D. Ce dernier est mobile autour du point fixe O'. Une autre tringle AA' rattache le levier OA au levier A'D. Enfin en D se trouve un plateau destiné à recevoir des poids. L'appareil est construit dans des conditions telles que lorsque le plateau et le tablier sont vides, le levier A'D est horizontal. De plus les dimensions des leviers OA, A'D offrent la proportion $\dfrac{OM}{OA} = \dfrac{O'C'}{O'A'}$.

Ceci posé, imaginons un corps de poids P placé sur le tablier.

Ce poids qui n'est autre qu'une force verticale appliquée au centre de gravité du corps, peut-être décomposé en 2 poids ou forces p,p' appliquées l'une en B ou en M, l'autre en C et dont la somme $p + p' = P$. La force p' appliquée en C peut être transportée en C'. Quant à la force p appliquée en M on peut la décomposer en deux autres, l'une en O dont l'effet sera détruit par la résistance de ce point, l'autre en A. Cette dernière vaut $p \times \dfrac{OM}{OA}$; on peut la transporter en A' et la décomposer en deux autres, l'une appliquée en O' et qui sera par conséquent détruite, l'autre appliquée en C' et qui vaudra $p \times \dfrac{OM}{OA} \times \dfrac{O'A'}{O'C'}$, ou p puisque $\dfrac{OM}{OA} = \dfrac{O'C'}{O'A'}$. Tout se ramène donc à deux forces p et p' appliquées en C'. Mais $p + p' = P$, donc la charge supportée par le tablier est tout entière transportée en C'. Si donc on appelle P' le poids qui l'équilibre dans le plateau, on aura :

$$\frac{P'}{P} = \frac{O'C'}{O'D} \qquad d'où \qquad P' = P \times \frac{O'C'}{O'D}$$

Ordinairement on prend O'D égal à 10 fois O'C', le poids P' est alors la dixième partie du poids P, et l'on dit que la bascule est au dixième.

Poulies.

57. — Poulie fixe. Une poulie se compose d'un disque circulaire sur la circonférence duquel est creusée une gorge destinée à recevoir une corde. Le disque est traversé en son centre par un axe perpendiculaire à son plan et dont les extrémités reposent sur deux coussinets, ou bien s'engagent dans les deux branches parallèles d'une monture ou chape, de telle sorte que la poulie peut tourner librement autour de cet axe qui d'ailleurs peut faire corps avec le disque ou en être indépendant. Dans la poulie fixe (fig. 36) la chape est fixée par un crochet à un point fixe. — Aux extrémités de la corde qui s'enroule sur la gorge de l'appareil sont appliquées deux forces, l'une q est le poids à soulever ou la résistance, l'autre P est la puissance qui doit lui faire équilibre. En supposant la corde tangente

en A et B , on peut regarder la machine comme un levier coudé AOB à bras égaux. Il faut donc pour l'équilibre que la puissance soit égale à la résistance.

Pour déterminer la pression supportée par l'axe, on peut transporter en O parallèlement à elles-mêmes les forces P et Q. Elles s'y composent en une seule R représentée par la diagonale OK du losange OCKD dont les côtés sont proportionnels aux forces P et Q. On a donc $\frac{R}{P} = \frac{OK}{OC}$; mais les triangles semblables OCK, AOB donnent $\frac{OK}{OC} = \frac{AB}{AO}$, donc $\frac{R}{P} = \frac{AB}{AO}$, c-à-d. que la pression sur l'axe est à l'une des

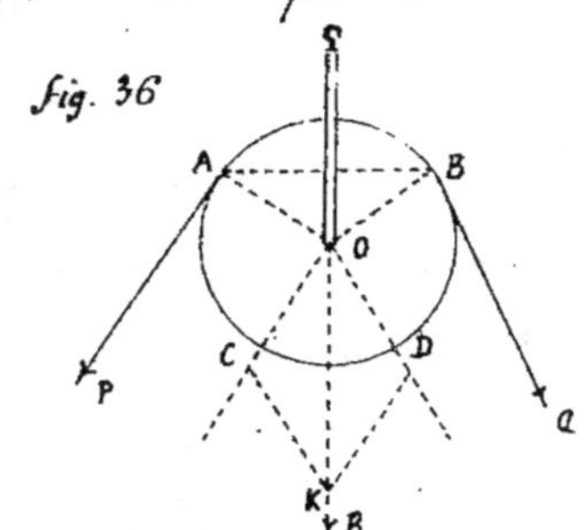

fig. 36

forces qui sollicitent la poulie comme la sous-tendante de l'arc embrassé par la corde est au rayon de la poulie. Cette pression atteint son maximum lorsque les cordons sont parallèles ; elle vaut alors le double de la puissance.

58. — Poulie mobile. Dans cette poulie (fig. 37) le poids Q à soulever est suspendu à la chape ; la corde qui s'enroule sur la gorge de la machine est attachée d'une part à un point fixe A et sollicitée de l'autre par une force P destinée à équilibrer la force Q.

La poulie étant en équilibre, le point fixe A produit le même effet qu'une force f égale et contraire à la tension du cordon AB. On peut donc considérer le système comme libre et sollicité par 3 forces P, Q, f, dirigées suivant CP, OQ, AB. Puisque ces forces sont en équilibre, l'une quelconque Q est égale et directement opposée à la résultante des deux autres. Les tangentes CP, BA étant prolongées se rencontreront donc en un certain point H de la verticale OQ et leur résultante sera dirigée suivant cette ligne, ce qui fait voir que les forces P et f sont égales, puisque OQ est bissectrice de leur angle. La corde CB qui soustend l'arc embrassé par la corde est donc horizontale dans le cas de l'équilibre. — De plus si l'on prend HK égal à la force P et que l'on mène KG parallèle à BH, on aura :

$$\frac{P}{Q} = \frac{HK}{HG} = \frac{CO}{CB}.$$

Donc enfin les conditions d'équilibre de la poulie mobile sont les suivantes : La sous-tendante de l'arc embrassé par la corde doit être horizontale, de plus la puissance doit être à la résistance comme le rayon de la poulie est à la sous-tendante de l'arc.

Lorsque les deux cordons sont parallèles, la puissance est la moitié de la résistance

59. — Moufles. On nomme ainsi des machines composées de plusieurs poulies, les unes réunies dans une même chape fixe, les autres dans une même chape mobile qui supporte le poids Q à soulever. Les poulies peuvent avoir des axes différents (fig. 38) ou le même axe (fig. 39) Une seule corde s'enroule sur elles ; elle est fixée par une de ses extrémités à l'une des chapes ; c'est à l'autre extrémité que s'applique la puissance P. La tension de la corde est partout égale à cette puissance, et comme on peut regarder les cordons comme sensiblement parallèles, le poids Q se trouve soutenu par un système de forces parallèles égales chacune à P et en même nombre que les poulies employées. On a donc en appelant n ce nombre, $Q = nP$ d'où $P = \frac{Q}{n}$.

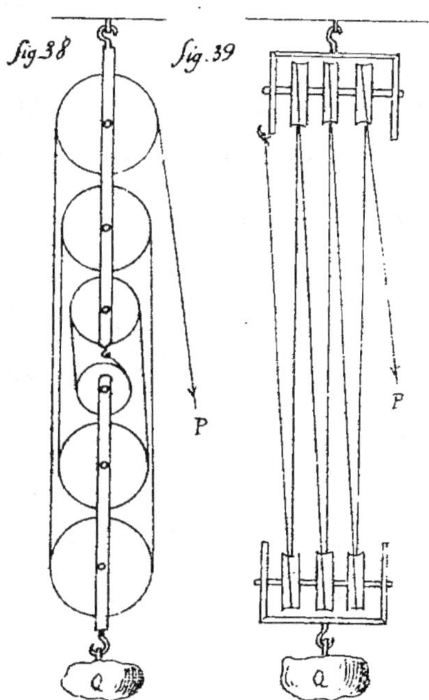

Ainsi la puissance est égale à la résistance divisée par le nombre des poulies ou encore des cordons. Dans les figures 37 et 38 on a : $P = \frac{Q}{6}$.

Du treuil.

60. — Définition. On nomme tour ou treuil un corps solide assujéti à tourner autour d'un axe fixe. — Ce corps présente ordinairement la forme d'un cylindre terminé à ses deux extrémités par deux autres cylindres de même axe que lui et d'un rayon plus petit nommés tourillons. Les tourillons reposent sur deux supports ou coussinets. Une corde destinée à supporter le poids à soulever est attachée à l'un des points de la surface du cylindre sur laquelle elle peut s'enrouler. — La puissance est appliquée à la machine dans un plan perpendiculaire à l'axe, soit au moyen d'une ou plusieurs barres fixées au cylindre, soit à l'aide d'une roue d'un rayon plus considérable, ou bien encore d'une manivelle fixée à l'une des extrémités de l'axe.

On fait en sorte que le centre de gravité de l'appareil soit un des points de l'axe fixe; il n'y a donc pas à faire intervenir le poids du treuil dans la condition d'équilibre.

61. — Condition générale d'équilibre du treuil. On peut supposer toutes les forces appliquées au treuil réduites à deux dont l'une est appliquée à l'un des points de l'axe. Cette force étant détruite par la résistance de l'axe, il faut pour que l'équilibre existe que l'autre soit détruite également. Cette condition sera remplie si la 2e force est dans un même plan avec l'axe, car alors elle le rencontrera ou elle lui sera parallèle: Dans le 1er cas elle est évidemment détruite, dans le second, elle ne pourra que tendre à entraîner le treuil dans le sens de son axe, mouvement qui n'est pas possible. L'équilibre aura donc lieu dans les deux cas. D'ailleurs, si la 2e force n'était pas dans le même plan avec l'axe, elle ferait tourner la machine dans un certain sens. La condition générale de l'équilibre du treuil est donc la suivante:

Il faut et il suffit qu'ayant réduit toutes les forces qui sollicitent la machine à deux dont l'une est appliquée en un point de l'axe, l'autre se trouve dans le même plan avec l'axe.

62. — **Relation entre la puissance et la résistance.** Supposons le treuil en équilibre sollicité seulement par deux forces, la puissance P agissant dans un plan perpendiculaire à l'axe à une distance AI de celui-ci égale à R (fig. 40), et la résistance Q appliquée en D et dirigée tangentiellement à une section perpendiculaire à l'axe du cylindre ayant pour rayon $CD = r$. Menons le rayon horizontal AB et appliquons-en B deux forces verticales P', P'' égales chacune à P et de sens contraires : l'état du système ne sera pas changé. — Or les deux

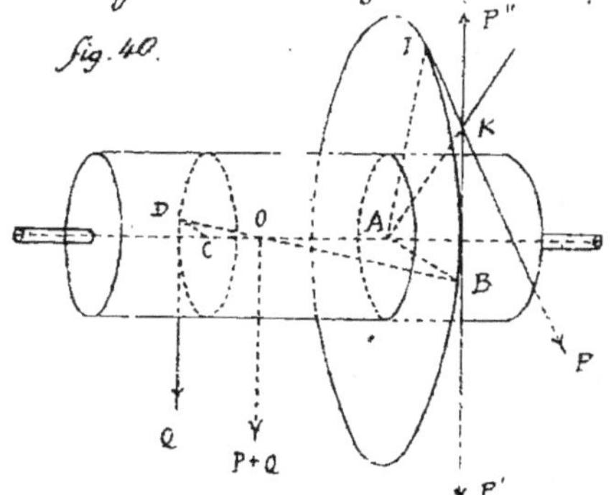

forces égales P, P'' se composent en une seule dirigée suivant la bissectrice AK de leur angle et qui se trouve détruite par la résistance de l'axe. Il reste donc à considérer la force P' qui n'est par le fait que la force P dont le point d'application est transporté en B. Ceci posé, puisqu'il y a équilibre, les deux forces parallèles P' et Q se composent en une seule appliquée en O sur l'axe du treuil, on a donc : $\dfrac{P'}{Q} = \dfrac{OD}{OB}$.

Mais les triangles semblables DOC, OAB donnent : $\dfrac{OD}{OB} = \dfrac{DC}{AB} = \dfrac{r}{R}$, donc :

$$\frac{P}{Q} = \frac{r}{R}.$$

Ainsi la puissance est à la résistance comme le rayon du cylindre est au rayon de la circonférence que tend à décrire le point d'application de la puissance.

Si l'on veut obtenir les pressions sur les points d'appui, il faut décomposer la force $P + Q$ appliquée en O en deux autres appliquées en ces points et de même aussi la force dirigée suivant AK. De plus.

le poids de l'appareil, appliqué en son centre de gravité devra être semblablement décomposé. On aura ainsi aux points d'appui deux groupes de forces dont les résultantes seront les pressions demandées.

63. — Remarques. Dans le treuil des Carriers, la machine est mise en mouvement par le poids du corps des ouvriers qui montent sur des chevilles implantées perpendiculairement sur une grande roue de 5 à 6 mètres de diamètre ayant même axe que le treuil et dont le plan est perpendiculaire à cet axe.

Comme cas particulier du treuil, on peut citer le cabestan : c'est un treuil dont l'axe est vertical et qui sert à déplacer des fardeaux dans le sens horizontal.

Du plan incliné.

64. — Définition. On nomme plan incliné une surface plane inclinée à l'horizon. Si l'on imagine un plan vertical mené perpendiculairement à la trace horizontale d'un plan incliné, il coupe ce plan suivant une ligne BC (fig. 41) et l'horizon suivant une ligne AC qui forme avec la première un angle ACB égal à l'inclinaison du plan. Si l'on mène la verticale BA, on forme un triangle rectangle dont l'hypoténuse BC, la base AC et la hauteur AB s'appellent respectivement la longueur, la base et la hauteur du plan incliné.

fig. 41.

65. — Équilibre d'un corps placé sur un plan incliné. Supposons un corps solide placé sur un plan incliné, soit P son poids appliqué en son centre de gravité G ; soit de plus F une force appliquée au corps afin de le maintenir en équilibre sur le plan.

Pour que l'équilibre existe, il faut que les deux forces P et F aient une résultante unique normale au plan et passant dans l'intérieur du polygone convexe formé en joignant les points de contact. - La force F doit donc être dans le même plan avec la verticale GP ; par suite sa direction rencontrera celle de GP en un certain point O (fig. 42). De plus le plan des deux forces doit contenir la normale ON. Ce plan sera donc en même temps perpendiculaire au plan horizontal et au plan incliné ; il coupera ce dernier en donnant naissance au triangle rectangle BCA dont l'angle en C est l'inclinaison du plan. Nommons α cette inclinaison et β l'angle que la force F fait avec la longueur CB du plan incliné.

Supposons les deux forces appliquées en leur point O de rencontre. Décomposons la force F en deux autres ; l'une suivant OK parallèle à BC, l'autre suivant ON' prolongement de ON. Décomposons de même la force P en 2 autres l'une suivant OH prolongement de OK, l'autre suivant ON. Les composantes ON, ON' s'ajoutent algébriquement et donnent une résultante qui est la pression exercée normalement par le corps sur le plan incliné. Il faut donc pour l'équilibre que les composantes suivant OK et OH soient égales. Or la composante suivant OK vaut $F \cos \beta$ et celle suivant OH . $P \sin \alpha$, la condition d'équilibre est donc

$$F \cos \beta = P \sin \alpha \qquad (1)$$

On en tire $F = P \times \dfrac{\sin \alpha}{\cos \beta}$. Il résulte de cette valeur que pour un même plan incliné, la force F est minimum lorsque $\cos \beta$ est le plus grand possible, ce qui a lieu lorsque l'angle $\beta = 0$. Donc pour maintenir un corps en équilibre sur un plan incliné avec la plus petite force possible, il faut faire agir la force parallèlement à la longueur du plan.

Dans ce cas, on a $F = P \sin \alpha$. Or $\sin \alpha = \dfrac{BA}{BC}$, donc $F = P \times \dfrac{BA}{BC}$ ou encore :
$$\frac{F}{P} = \frac{BA}{BC},$$
c'est-à-dire que la force à employer est au poids du corps comme la hauteur du plan incliné est à sa longueur.

Lorsque l'angle β croît, la valeur de F va en augmentant. On verra plus loin que dans le cas où F est dirigée au dessus de HK (comme dans la figure), β ne peut prendre de valeur supérieure à $90°-\alpha$. Pour cette valeur, on a $F = P$.

Pour β compris entre $90°-\alpha$ et $90°$, l'effet de la force F serait de soulever le corps.

Pour $\beta = 90°$, F prend une valeur négative et tend à faire descendre le corps : l'équilibre n'est donc pas possible.

Lorsque la direction de la force F est horizontale, β devient égal à α et l'on a :
$$F = P \times \frac{\sin \alpha}{\cos \alpha} \quad \text{ou} \quad F = P \, \mathrm{tg}\, \alpha.$$
Mais $\mathrm{tg}\, \alpha = \dfrac{AB}{AC}$, donc $F = P \times \dfrac{AB}{AC}$, ou enfin $\dfrac{F}{P} = \dfrac{AB}{AC}$.

Donc dans ce cas la puissance est au poids du corps, comme la hauteur du plan incliné est à sa base.

Enfin, lorsque $\beta = 90°-\alpha$, la force F est verticale. Elle est alors égale à P.

La pression normale est, comme nous l'avons dit, la somme algébrique des composantes suivant ON et ON'. Cette somme vaut dans le cas de la figure 42 :
$$P \cos \alpha - F \sin \beta.$$

Lorsque $\beta = 90°-\alpha$, elle devient $\cos \alpha \, (P-F)$. Mais comme alors $P = F$ la pression est nulle ; le corps touche le plan incliné sans le presser.

Il est clair que la quantité $P \cos \alpha - F \sin \beta$ doit être positive ou au moins égale à zéro ; la valeur de β doit donc être telle que l'on ait :
$P \cos \alpha \geq F \sin \beta$. Multipliant cette relation membre à membre avec l'équation (1), il vient :

$$\cos\alpha\,\cos\beta \geqslant \sin\alpha\,\sin\beta \quad \text{ou} \quad \cos\alpha\,\cos\beta - \sin\alpha\,\sin\beta \geqslant 0$$

$$\text{ou enfin :} \quad \cos(\alpha+\beta) \geqslant 0 \quad \text{d'où :} \quad \alpha+\beta \leqslant 90°$$

La plus grande valeur que puisse prendre β est donc $90°-\alpha$.

Si la force F agit au dessous de HK, l'équation d'équilibre reste la même. Seulement la valeur de la pression normale devient $P\cos\alpha + F\sin\beta$. Dans ce cas β peut croître jusqu'à $90°$; pour cette dernière valeur on a $F=\infty$ résultat facile à prévoir.

Remarque. Nous avons dans tout ce qui précède supposé la surface du plan parfaitement polie, et par suite fait complètement abstraction du frottement, c'est-à-dire de la résistance que les surfaces opposent toujours au mouvement des corps qu'elles supportent.

Cinématique.

66.— Définitions. L'objet de la Cinématique est l'étude des mouvements.

On nomme trajectoire la ligne droite ou courbe que suit un corps en mouvement. Lorsque la trajectoire est droite, le mouvement est dit rectiligne ; il est curviligne lorsque la trajectoire est courbe.

Un mouvement est défini lorsque l'on connaît la trajectoire du mobile et la position qu'il occupe à un instant quelconque sur cette trajectoire. Cette position est déterminée par la loi du mouvement, c.-à-d. par la relation qui lie les espaces parcourus aux temps employés à les parcourir.

67.— Mouvement rectiligne uniforme. Le plus simple des mouvements est le mouvement rectiligne et uniforme. On appelle ainsi celui dans lequel le mobile se meut en ligne droite en parcourant des espaces égaux dans des temps égaux quelque petits que soient ceux-ci.—On nomme vitesse l'espace parcouru par le mobile pendant l'unité de temps. On prend habituellement la seconde pour unité de temps et le mètre pour unité de longueur.

En désignant par v la vitesse et par e l'espace parcouru pendant le temps t, on a :

$$e = vt,$$

qui est la formule du mouvement uniforme.

On voit par cette formule que dans le mouvement uniforme, les espaces parcourus sont proportionnels aux temps employés à les parcourir. On peut d'ailleurs définir ce mouvement par cette propriété.

68. — Mouvement rectiligne varié. — Vitesse moyenne. — Vitesse à un instant quelconque. On nomme mouvement rectiligne varié celui dans lequel le mobile se meut en ligne droite en parcourant en des temps égaux des espaces inégaux.

Supposons qu'un mobile se meuve sur une droite AB d'un mouvement varié en allant de A vers B ; soit M la position qu'il occupe au bout d'un certain temps t, et soit M' celle

fig. 43.

qu'il occupe au bout d'un temps $t' > t$. Pendant le temps $t'-t$ le mobile a parcouru l'espace MM' : le rapport $\dfrac{MM'}{t'-t}$ se nomme sa vitesse moyenne. C'est celle d'un mobile qui parcourrait la distance MM' d'un mouvement uniforme pendant le temps $t'-t$.

En supposant que la différence $t'-t$ tende vers zéro, MM' deviendra de plus en plus petit et tendra aussi vers zéro, le rapport $\dfrac{MM'}{t'-t}$ tendra vers une certaine limite que l'on nomme la vitesse au bout du temps t. Donc en appelant v cette vitesse, on a : $v = \lim \dfrac{MM'}{t'-t}$ pour $t'-t = 0$.

Application. Soit $e = \gamma t^2$ l'équation d'un mouvement, γ étant une constante. On a pour les espaces parcourus au bout des temps t' et t :

$$e' = \gamma t'^2 \qquad\qquad e = \gamma t^2$$

Retranchant membre à membre, il vient :

$$e' - e = \gamma \left(t'^2 - t^2 \right) = \gamma \left(t' + t \right)\left(t' - t \right)$$

d'où vitesse moyenne $= \dfrac{e' - e}{t' - t} = \gamma \left(t' + t \right)$.

Lorsque $t' - t$ tend vers zéro, c.-à-d. lorsque t' s'approche indéfiniment d'être égal à t, le second membre tend vers la valeur $2\gamma t$. On a donc :

$$\text{Vitesse au bout du temps } t = 2\gamma t.$$

69. — Mouvement rectiligne uniformément varié. — Accélération. On nomme mouvement rectiligne uniformément varié celui dans lequel la vitesse augmente ou diminue de quantités égales dans des temps égaux. Si la vitesse augmente, le mouvement est dit accéléré ; si elle diminue, il est dit retardé.

La quantité constante dont augmente ou diminue la vitesse dans l'unité de temps se nomme accélération. — On peut considérer l'accélération comme positive ou négative suivant que la vitesse va en croissant ou en diminuant.

En nommant V_0 la vitesse initiale d'un mobile en mouvement uniformément varié et γ l'accélération, l'accroissement de vitesse au bout d'un temps t est γt, donc v étant la vitesse au bout de ce temps, on a :

$$V = V_0 + \gamma t \qquad (1).$$

Cette formule convient au cas du mouvement retardé lorsqu'on y affecte γ du signe $-$.

Proposons-nous maintenant d'évaluer l'espace parcouru par le mobile pendant le temps t. — Pour cela nous supposerons le temps t partagé en n intervalles égaux à θ, pendant chacun desquels nous regarderons le mobile comme se mouvant uniformément avec la vitesse qu'il possède à l'origine de chacun d'eux. En faisant la somme des espaces parcourus dans ces conditions, on obtient une quantité différente de l'espace cherché, mais qui s'en approche indéfiniment à mesure que θ devient de plus en plus petit. La limite de cette quantité pour $\theta = 0$ ou pour $n = \infty$ sera donc l'espace parcouru par le corps.

Au bout des intervalles de temps $\theta, 2\theta, 3\theta \ldots (n-1)\theta$, la vitesse prend les valeurs : $V_0 + \gamma\theta$, $V_0 + 2\gamma\theta$, $V_0 + 3\gamma\theta, \ldots V_0 + (n-1)\gamma\theta$. Donc les espaces parcourus en supposant le mouvement uniforme comme il a été dit, sont :

$$e_0 = V_0\theta \ , \ e_1 = V_0\theta + \gamma\theta^2 \ , \ e_2 = V_0\theta + 2\gamma\theta^2 \ , \ e_3 = V_0\theta + 3\gamma\theta^2 \ldots e_{n-1} = V_0\theta + (n-1)\gamma\theta^2$$

Additionnant, on trouve :

$$V_0 n\theta + \gamma\theta^2(1 + 2 + 3 + \ldots + n-1) \qquad \text{ou} \qquad V_0 t + \frac{\gamma\theta^2 n(n-1)}{2}$$

ou encore :
$$V_0 t + \tfrac{1}{2}\gamma t^2 - \tfrac{1}{2}\gamma t \times \theta$$

Si θ approche indéfiniment de zéro, cette expression tend vers : $V_0 t + \tfrac{1}{2}\gamma t^2$, on a donc, en nommant e l'espace cherché :

$$e = V_0 t + \tfrac{1}{2}\gamma t^2 \qquad (2)$$

Formule qui convient au cas du mouvement retardé, lorsqu'on y affecte γ du signe moins.

Remarque. Des formules (1) et (2), on déduit :

$$e = \left(\frac{V + V_0}{2}\right) t.$$

L'espace parcouru par un mobile en mouvement uniformément varié est donc égal à celui que parcourrait dans le même temps le mobile avec une vitesse constante égale à la moyenne arithmétique entre les vitesses initiale et finale.

La formule (2) fait voir que dans le mouvement uniformément varié l'espace est représenté par une expression du second degré en fonction du temps. — La réciproque est vraie. Soit en effet

$$e = at + bt^2$$

l'équation d'un mouvement dans laquelle a et b sont des constantes.

Donnons au temps t l'accroissement θ et soit ε l'accroissement correspondant de l'espace e il vient :

$$e + \varepsilon = a\,(t+\theta) + b\,(t+\theta)^2 \qquad \text{d'où} : \frac{\varepsilon}{\theta} = a + 2bt + b\theta.$$

Si θ décroît indéfiniment, on a : $\lim. \dfrac{\varepsilon}{\theta} = a + 2bt$ c.-à-d. $v = a + 2bt$. La vitesse varie donc proportionnellement au temps et par suite le mouvement est uniformément varié.

Lorsqu'un mobile en mouvement uniformément varié part du repos, $V_0 = 0$ et les formules (1) et (2) deviennent :

$$V = \gamma t \qquad\qquad e = \tfrac{1}{2}\gamma t^2.$$

On en déduit : $v^2 = 2\gamma e$ et en faisant $t = 1$, $\gamma = 2e$.

De là résultent les conséquences suivantes relatives au mouvement uniformément varié d'un corps qui part du repos : 1° les vitesses sont proportionnelles aux temps ; 2° les espaces parcourus sont proportionnels aux carrés des temps employés à les parcourir ; 3° le carré de la vitesse au bout d'un certain temps est proportionnel à l'espace parcouru pendant ce temps ; 4° l'accélération est égale au double de l'espace parcouru dans la 1re unité de temps.

La chute des corps dans le vide donne un exemple de mobiles partant du repos et animés d'un mouvement uniformément accéléré. — L'accélération vaut à Paris 9m.8088 ; on la représente par la lettre g. Les formules relatives à la chute des corps sont par suite :

$$v = gt \qquad\qquad e = \tfrac{1}{2}gt^2.$$

Lorsqu'un corps est lancé verticalement dans le vide de bas en haut, il prend un mouvement uniformément retardé. Les formules relatives à ce cas sont donc :

$$v = V_0 - gt \qquad\qquad e = V_0 t - \tfrac{1}{2}gt^2.$$

70. — De l'accélération à un instant quelconque dans le mouvement rectiligne varié. Supposons un mobile en mouvement uniformément varié, on aura en nommant γ l'accélération et v, v' les vitesses au bout des temps t, t' :

$$v = V_0 + \gamma t \qquad\qquad v' = V_0 + \gamma t'$$

Retranchant membre à membre et résolvant par rapport à γ, il vient :

$$\gamma = \frac{v'-v}{t'-t}$$

L'accélération vaut donc le rapport de la différence des vitesses au bout de deux intervalles de temps différents à la différence de ces temps.

Ceci posé, considérons un mobile animé d'un mouvement rectiligne varié quelconque, soient v, v' ses vitesses au bout des temps t et $t' = t + \theta$. Le quotient:

$$\frac{v'-v}{\theta}$$

est ce qu'on nomme l'accélération moyenne du mobile pendant le temps θ. En supposant que θ diminue de plus en plus, $v'-v$ tend vers zéro et le rapport $\frac{v'-v}{\theta}$ tend vers une certaine limite : C'est cette limite que l'on nomme l'accélération du mobile au bout du temps t.

Ainsi l'accélération au bout d'un temps t d'un mobile en mouvement rectiligne varié est la limite vers laquelle tend le rapport de l'accroissement de la vitesse à l'accroissement du temps lorsque ces deux accroissements diminuent jusqu'à zéro.

71. —— Composition de deux mouvements simultanés rectilignes et uniformes. Supposons qu'un mobile se meuve sur une droite AB (fig. 44) d'un mouvement uniforme et qu'en même temps la droite AB se transporte parallèlement à elle-même de telle sorte que son extrémité A soit toujours sur la ligne AC. Le mobile se trouve ainsi animé de deux mouvements : celui qu'il possède sur AB et celui qui lui est communiqué par le déplacement de cette droite. Sous cette double action, il décrit une certaine ligne avec une certaine vitesse et ce mouvement est dit le mouvement résultant. Nous allons déterminer sa direction, sa nature et sa vitesse.

Soit B la position du mobile au bout d'un temps t sur la droite AB, et CD la position occupée par cette ligne au bout du même temps t : le mobile est alors réellement en D à l'extrémité de la diagonale AD du parallélogramme ABCD. Soit maintenant O la position du mobile sur la droite AB lorsque celle-

au bout d'un temps t' est venue en $A'B'$. On va prouver que le point O est sur AD. En effet, joignons AO, les triangles $AA'O$, ACD ont les angles A' et C égaux ; de plus $\frac{AA'}{AC} = \frac{A'O}{CD}$ car chacun de ces rapports vaut $\frac{t'}{t}$. Donc le triangle $AA'O$ est semblable à ACD et AO se confond en direction avec AD. Le mouvement résultant a par suite pour direction la diagonale AD.

En second lieu ce mouvement est uniforme, car les triangles semblables donnent :
$$\frac{AO}{AD} = \frac{AA'}{AC} = \frac{t'}{t}.$$

Enfin, si l'on considère AB et AC comme les vitesses des mouvements composants, AD sera celle du mouvement résultant. En effet ces trois vitesses sont :
$$\frac{AB}{t} \qquad \frac{AC}{t} \qquad \frac{AD}{t}$$
quantités proportionnelles aux numérateurs AB, AC, AD.

En résumé donc, deux mouvements simultanés rectilignes et uniformes se composent en un seul rectiligne et uniforme dont la vitesse est représentée en direction et en grandeur par la diagonale du parallélogramme construit sur les droites qui représentent les mouvements composants.

Ce théorème se nomme le parallélogramme des vitesses. On en déduit entre la vitesse résultante et les vitesses composantes des relations analogues à celles qui ont été trouvées (14) entre la résultante de deux forces et les composantes. En répétant les raisonnements employés pour les forces, on établirait de même le parallélipipède et le polygone des vitesses.

Enfin ce qui a été dit (15) (18) pour la décomposition des forces appliquées au même point, peut être répété pour la décomposition des vitesses.

72. — Composition de deux mouvements simultanés rectilignes et uniformément variés. Reprenons les hypothèses du cas précédent en substituant aux mouvements uniformes des mouvements uniformément variés, le mobile et la droite AB partant l'un et l'autre du repos. Les triangles $AA'O$, ACD sont encore semblables, car on a : $\frac{A'O}{CD} = \frac{t'^2}{t^2}$ et $\frac{AA'}{AC} = \frac{t'^2}{t^2}$ d'où $\frac{A'O}{CD} = \frac{AA'}{AC}$ (fig. 44)

Ces triangles donnent par suite : $\dfrac{AO}{AD} = \dfrac{AA'}{AC} = \dfrac{t'^2}{t^2}$.

Enfin en appelant $\gamma, \gamma', \gamma''$ les accélérations des mouvements suivant AB, AC, AD, on a : $\quad AB = \frac{1}{2}\gamma t^2 \quad AC = \frac{1}{2}\gamma' t^2 \quad AD = \frac{1}{2}\gamma'' t^2$,

d'où : $\qquad \gamma = \dfrac{2AB}{t^2} \qquad \gamma' = \dfrac{2AC}{t^2} \qquad \gamma'' = \dfrac{2AD}{t^2}$

De tout cela on conclut que deux mouvements simultanés rectilignes et uniformément variés se composent en un seul rectiligne et uniformément varié dont l'accélération est représentée en grandeur et en direction par la diagonale du parallélogramme construit sur les droites qui représentent en direction et en grandeur les accélérations composantes. — On peut, en partant de ce théorème, établir entre les accélérations des relations analogues à celles qui existent entre la résultante de deux forces et les composantes (14).

73. — Mouvement de rotation uniforme autour d'un axe fixe. - Vitesse angulaire. On dit qu'un corps est animé d'un mouvement de rotation autour d'un axe fixe, lorsque chacun de ses points décrit autour de cet axe une circonférence ayant son centre sur l'axe, et son plan perpendiculaire sur celui-ci.

Le mouvement de rotation est uniforme lorsque les arcs décrits par un même point du corps pendant des intervalles de temps égaux quelque petits qu'ils soient sont égaux.

Dans le mouvement de rotation les différents points du corps décrivent dans le même temps des arcs semblables. Il y a donc proportionnalité entre les chemins parcourus dans un certain temps par les points du corps et leurs distances à l'axe de rotation. Si l'on nomme ω l'arc décrit pendant ce temps par un point situé à l'unité de distance de l'axe, ω sera la valeur commune des rapports des chemins aux distances à l'axe, c-à-d. qu'en désignant par $e, e', e''\ldots$ les chemins parcourus en un temps t par des points dont les distances à l'axe sont r, r', r'', on aura :

$$\frac{e}{r} = \frac{e'}{r'} = \frac{e''}{r''} = \ldots = \omega.$$

ω est ce qu'on nomme la vitesse angulaire. — La vitesse d'un point quelconque s'obtient en multipliant la vitesse angulaire par la distance de ce point à l'axe.

———

Dynamique.

74. — *Définition.* La Dynamique s'occupe des relations qui existent entre les forces et les mouvements qu'elles impriment aux corps sur lesquels leur action s'exerce.

La Dynamique repose sur deux lois fondées sur l'expérience : la loi de l'inertie et celle du mouvement relatif.

75. — *Loi de l'inertie.* Un corps ne peut de lui-même se mettre en mouvement, et une fois en mouvement ne peut modifier de lui-même le mouvement qu'il possède.

On déduit de la seconde partie de la loi que si aucune cause extérieure ou force ne vient agir sur un corps en mouvement, le mouvement qu'il possède est rectiligne et uniforme.

76. — *Loi du mouvement relatif.* Lorsqu'un système de points matériels se meut d'un mouvement de translation, si l'un de ces points vient à être sollicité par une force, le mouvement relatif que prend ce point est le même que si le système était en repos.

77. — *Théorème.* De la loi du mouvement relatif on déduit le théorème suivant : Une force constante en grandeur et en direction agissant sur un point matériel qui part du repos ou qui est animé d'une vitesse initiale de même direction que la force, lui imprime un mouvement uniformément varié.

Considérons d'abord un point matériel M animé d'une certaine vitesse V_0 suivant une droite xy et supposons que ce point vienne à être sollicité par une force F dirigée suivant xy dans le sens de son mouvement. Nommons α la vitesse que cette force imprimerait au mobile

fig. 45.

au bout d'un temps t s'il partait du repos. — Ceci posé, concevons un second point matériel M' situé en A comme le point M, animé de la même vitesse V_0 que lui, mais non soumis à l'action de la force F. Les deux points formeront un système animé d'un mouvement de translation ayant V_0 pour vitesse. En vertu de la loi du mouvement relatif, le point M obéit à l'action de la force F comme s'il était en repos : au bout du temps t, il sera donc éloigné du point M' d'une distance MM' égale à celle qu'il parcourrait, s'il partait du repos, pendant le temps t, sous l'action de la force F. Sa vitesse relative par rapport à M' est par suite α et sa vitesse absolue vaut $V_0 + \alpha$ d'après la composition des vitesses.

Si la force F agissait en sens contraire du mouvement initial du mobile, la vitesse absolue serait $V_0 - \alpha$. On peut donc dire en général que la vitesse absolue est la somme algébrique des vitesses V_0 et α.

Ceci posé, imaginons que le mobile animé d'une vitesse V_0 suivant xy soit sollicité par une force constante en grandeur et en direction agissant suivant xy. En nommant α la vitesse que cette force est capable de communiquer au mobile partant du repos dans chaque unité de temps, il résulte de ce qui précède qu'au bout de la 1ère unité, la vitesse du mobile sera $V_0 + \alpha$; de même elle sera $V_0 + 2\alpha$, $V_0 + 3\alpha$ .... au bout de deux, trois unités de temps. La vitesse s'accroît donc ou diminue (pour α négatif) proportionnellement au temps. Il en résulte que le mouvement du mobile est uniformément varié. L'accélération de ce mouvement est la vitesse que la force est capable de donner pendant l'unité de temps au mobile partant du repos.

78. — Réciproquement, si un point matériel est animé d'un mouvement rectiligne uniformément varié, ce point est sollicité par une force constante en grandeur et en direction.

En effet, puisque le mouvement n'est pas uniforme, le point matériel est soumis à l'action d'une force. Cette force est constamment dirigée suivant la droite que décrit le mobile, car autrement celui-ci changerait de direction. De plus la vitesse augmentant ou diminuant de quantités égales en des temps égaux si petits qu'on les considère, l'action de la force est toujours la même pendant chacun d'eux et par suite elle a une intensité constante.

Il résulte de là que la pesanteur est une force constante en direction et en intensité.

79. — Proportionnalité des forces constantes aux accélérations. Considérons d'abord deux forces constantes F, F' qui appliquées séparément à un même point matériel M animé d'une certaine vitesse V_0 suivant la direction xy et agissant suivant cette direction sont capables de communiquer au mobile des accélérations γ, γ'. Imaginons un second point M' situé en A comme le premier, animé comme lui d'une vitesse V_0 et sollicité ainsi que le premier par la force F : nous aurons ainsi un système animé d'un mouvement de translation rectiligne uniformément varié ayant γ pour accélération. Mais si nous supposons que la force F' agisse en même temps sur le point M, ce dernier en vertu de la loi du mouvement relatif se sera au bout de l'unité de temps éloigné du point M' d'une quantité qui est la même que si V_0 et F n'existaient pas, c.-à-d. d'une quantité γ'. Sa vitesse est donc $V_0 + \gamma + \gamma'$ au bout de l'unité de temps ; par suite l'accélération du mouvement qu'il possède est égale à la somme des accélérations dues aux deux forces agissant séparément.

Si les deux forces agissaient en sens contraire, l'accélération résultante serait $\gamma - \gamma'$. En convenant de considérer comme positive l'accélération due à une force qui agit dans un certain sens et comme négative celle d'une force qui agit dans le sens opposé, on peut dire que l'accélération résultante est égale à la somme algébrique des accélérations des deux forces.

Ce qui précède s'applique évidemment au cas où le mobile part du repos, et aussi à celui où l'on a à considérer plus de deux forces.

Supposons maintenant que l'on fasse agir séparément sur le point M les deux forces F ; F' et soit f une force aussi petite que l'on voudra leur servant de commune mesure. Si f est contenue m fois dans F et n fois dans F', on aura :
$$\frac{F}{F'} = \frac{m}{n}.$$

D'autre part en nommant α l'accélération que produirait la force f agissant sur le point matériel, il est aisé de déduire de ce qui précède que l'accélération due à la force F vaut $m\alpha$, et que celle due à la force F' vaut $n\alpha$, donc
$$\frac{\gamma}{\gamma'} = \frac{m}{n}.$$

On déduit de la comparaison des deux proportions :
$$\frac{F}{F'} = \frac{\gamma}{\gamma'}$$

c'est-à-dire que deux forces constantes sont proportionnelles aux accélérations qu'elles produisent en agissant séparément sur un même point matériel qui part du repos ou qui est animé d'une vitesse initiale de même direction que les forces.

Nous avons supposé il est vrai les forces commensurables, mais le théorème est encore vrai lorsqu'elles ne le sont pas puisque l'on peut prendre f aussi petit que l'on veut.

80. — De la Masse. - Sa mesure au moyen du poids. L'expérience fait voir qu'une même force appliquée à des corps de même volume ou de volumes différents ne leur imprime pas le même mouvement. On acquiert ainsi l'idée de masse. On dit qu'un corps a plus ou moins de masse suivant qu'il faut employer une force plus ou moins considérable pour lui communiquer un mouvement déterminé. Lorsqu'une même force appliquée successivement dans les mêmes conditions à deux points matériels leur donne le même mouvement, on dit que ces deux points ont des masses égales. En supposant réunis 2, 3, 4 . . . . . points matériels de masses égales, on obtient un nouveau

point matériel ayant une masse double, triple, quadruple ..... de celle de chacun des premiers.

Ces notions établies, soient $F, F', F'' \ldots$ des forces constantes qui agissant séparément sur un même point lui communiquent les accélérations $\gamma, \gamma', \gamma'' \ldots$ En vertu du théorème précédent, on a :

$$\frac{F}{\gamma} = \frac{F'}{\gamma'} = \frac{F''}{\gamma''} = \ldots$$

Il y a donc un rapport constant entre l'intensité d'une force constante appliquée à un point matériel et l'accélération qu'elle lui communique. On prend ce rapport constant pour mesure de la masse du point matériel, et on lui donne souvent le nom de masse. — Ainsi en nommant m la masse d'un point matériel ou d'un corps (toute la matière qui compose le corps étant supposée réunie en un point, celui d'application de la force que l'on considère), F une force constante appliquée au point et γ l'accélération due à cette force, on a :

$$m = \frac{F}{\gamma}.$$

On a vu que la pesanteur est une force constante et l'on a représenté par g son accélération ; si donc P est le poids du point matériel considéré, on a encore :

$$m = \frac{P}{g}.$$

La masse d'un corps est donc proportionnelle à son poids.

On prend pour unité de masse la masse d'un corps ayant pour poids g kilogrammes. On a en effet dans ce cas : $m = \frac{g}{g} = 1$.

De la relation $m = \frac{F}{\gamma}$ on déduit plusieurs conséquences.

1° Si l'on considère des forces F, F' imprimant à des masses m, m' des accélérations γ, γ', on a $F = m\gamma$, $F' = m'\gamma'$, d'où :

$$\frac{F}{F'} = \frac{m\gamma}{m'\gamma'} \qquad (1)$$

Deux forces sont donc entre elles comme les produits des masses sur lesquelles elles agissent par les accélérations qu'elles leur impriment.

2° Si le point matériel auquel les deux forces F, F' sont appliquées part du repos, les vitesses qu'il prend au bout du temps t sont respectivement γt, $\gamma' t$. Donc on a en multipliant par t les deux termes du second rapport de la proportion (1) et en désignant par v, v' les produits γt, $\gamma' t$:

$$\frac{F}{F'} = \frac{mv}{m'v'} \qquad (2)$$

c'est-à-dire que deux forces sont entr'elles comme les quantités de mouvement qu'elles communiquent pendant le même temps à un point matériel partant du repos. (Le produit mv est ce qu'on nomme la quantité de mouvement du point matériel de masse m)..

Si dans la proportion (2) on fait $F = F'$, il vient $\frac{m}{m'} = \frac{v'}{v}$; donc lorsqu'une même force agit pendant le même temps sur deux masses différentes, elle leur imprime des vitesses qui sont en raison inverse de ces masses..

On trouve une application de ce principe dans la machine d'Atwood, dans laquelle la même force agissant successivement sur le poids additionnel p seul et sur ce même poids entraînant les deux poids égaux P leur communique des accélérations g, g' telles que l'on a :

$$\frac{g'}{g} = \frac{P}{2P+p} \ .$$

Notions sur le travail des forces.

81. — Définitions. Lorsqu'une force vainc une résistance en déplaçant le point où elle est appliquée, on dit qu'elle produit un travail mécanique. — Il est évident que ce travail dépend à la fois de la grandeur de la résistance vaincue et du déplacement qu'a éprouvé le point d'application de la force. — Dans le cas d'une force constante appliquée à un point qui se déplace en ligne droite dans la direction de la force, on nomme travail le produit de la force par le chemin que décrit son point d'application. Suivant que la force agit dans le sens du

mouvement ou en sens contraire, le travail est dit moteur ou résistant. On peut considérer le travail moteur comme positif et le travail résistant comme négatif.

Supposons maintenant qu'il s'agisse d'une force constante dont le point d'application se meut en ligne droite dans une direction oblique à celle de la force.

Soit une force constante F appliquée en un point A (fig. 47) assujéti à se mouvoir dans la direction Ax sous l'action de la force. Celle-ci peut

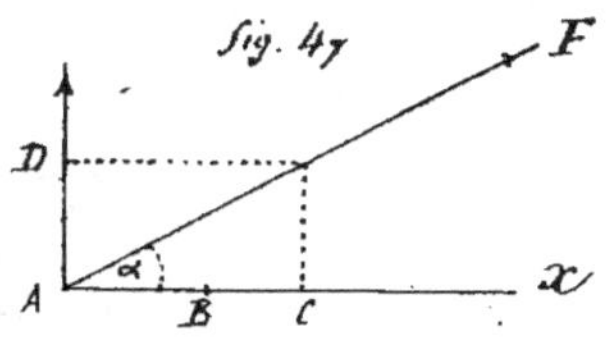

être décomposée en deux autres, l'une suivant Ax, l'autre suivant AD perpendiculaire à Ax. Le travail de la force agissant suivant AD est nul, car elle ne saurait faire parcourir aucun chemin au mobile sur Ax. Il n'y a donc à considérer que le travail de la force qui agit suivant Ax. Par définition ce travail vaut $AC \times AB$ (en supposant que le point d'application se soit transporté de A en B). Or AC est la projection de la force F sur Ax, donc, dans le cas actuel, le travail est égal au chemin parcouru par le point d'application multiplié par la projection de la force sur la direction de ce chemin. On peut remarquer que $AC = F \cos \alpha$, α étant l'angle de la force F avec la direction Ax. On a donc en appelant e l'espace parcouru par le point d'application de la force et T le travail :

$$T = e \times F \cos \alpha.$$

Suivant que α est aigu ou obtus, $\cos \alpha$ est positif ou négatif. Dans le 1er cas le travail est moteur ; dans le 2e, il est résistant.

Lorsque la force F est perpendiculaire sur Ax, $\cos \alpha = 0$ et le travail est nul.

Lorsque F agit dans la direction Ax, $\alpha = 0$, $\cos \alpha = 1$ et l'on retrouve $T = e \times F$. C'est la valeur maximum du travail.

Lorsqu'une force constante a son point d'application sur une courbe la circonférence d'une roue par exemple et qu'elle agit tangentiellement à la courbe, on peut concevoir le chemin parcouru partagé en éléments assez petits pour que chacun d'eux puisse être regardé comme rectiligne et se confondant en direction avec la tangente correspondante. Le travail relatif à chacun de ces éléments se nomme travail élémentaire et est égal à $e \times F$, e étant l'élément considéré. La somme des travaux successifs ou travail total est donc égal à $e \times F$, en représentant par e le chemin total parcouru. Dans le cas actuel, le travail est donc encore le produit de la force par le chemin parcouru.

On prend pour unité de travail, le travail nécessaire pour élever un poids de un kilogramme à un mètre de hauteur. Cette unité se nomme Kilogrammètre.

Il existe une autre unité dans laquelle on fait intervenir le temps : c'est le cheval-vapeur. On désigne ainsi le travail nécessaire pour élever un poids de 75 kilogrammes à un mètre de hauteur en une seconde.

Travail dans les machines simples à l'état de mouvement uniforme.

82. — On va faire voir que dans les machines simples à l'état de mouvement uniforme, et sollicitées uniquement par une puissance et une résistance, le travail moteur est égal au travail résistant.

Nous ferons d'abord remarquer que lorsqu'une machine est en mouvement, parmi les forces qui lui sont appliquées, les unes nommées forces motrices agissent dans le sens du mouvement, les déplacements de leurs points d'application se font dans le sens même des forces ou suivant des directions faisant avec celles-ci des angles aigus ; les autres nommées résistances agissent en sens contraire du mouvement de la machine. —

le travail des premières forces est moteur, celui des autres est résistant.

Si l'on imagine maintenant une machine à l'état de mouvement uniforme et sollicitée uniquement par une puissance et une résistance, il y a équilibre entre ces deux forces, car s'il en était autrement, la machine serait soumise à l'action d'une force constante et prendrait un mouvement uniformément varié.

Ceci posé, examinons successivement les machines simples dont il a été question plus haut.

83. — Levier. Soit un levier sollicité par deux forces P et Q que nous supposerons appliquées aux extrémités B et C de leurs bras de levier AB, AC (fig. 48). Sous l'action de ces forces le levier prend un mouvement de rotation autour du point d'appui A ; mais si nous considérons le mouvement dans un temps très court, la machine ayant tourné d'un angle fort petit, nous pourrons regarder les arcs BB', CC' parcourus par les points d'application comme rectilignes et se confondant avec les tangentes BP, CQ. Pendant ce temps très-court, le travail moteur est donc $P \times BB'$ et le travail résistant $Q \times CC'$. Or, puisqu'il y a équilibre entre les deux forces P et Q, on a :

$$\frac{P}{Q} = \frac{AC}{AB} ;$$

D'autre part les angles BAB', CAC' étant égaux, on a :

$$\frac{AC}{AB} = \frac{CC'}{BB'} .$$

Donc à cause du rapport commun :

$$\frac{P}{Q} = \frac{CC'}{BB'}$$

d'où l'on tire : $P \times BB' = Q \times CC'$.

Le travail moteur est donc égal au travail résistant lorsque l'on considère le mouvement pendant un temps très-court. On en déduit facilement qu'il en est encore ainsi lorsque la machine marche pendant un temps quelconque.

84. — Poulie fixe. Dans la poulie fixe, tandis que le point d'application de la puissance P parcourt suivant la direction de cette force un certain chemin d le point d'application de la résistance parcourt sur la direction de celle-ci une chemin égal. Le travail moteur est donc $P \times d$ et le travail résistant $Q \times d$ Mais dans la poulie fixe en équilibre, $P = Q$, donc

$$P \times d = Q \times d$$

Le travail moteur est donc égal au travail résistant.

85. — Poulie mobile. Supposons les cordons parallèles. Nous avons vu que dans ce cas il faut pour l'équilibre que $P = \frac{Q}{2}$. — Si l'on soulève la

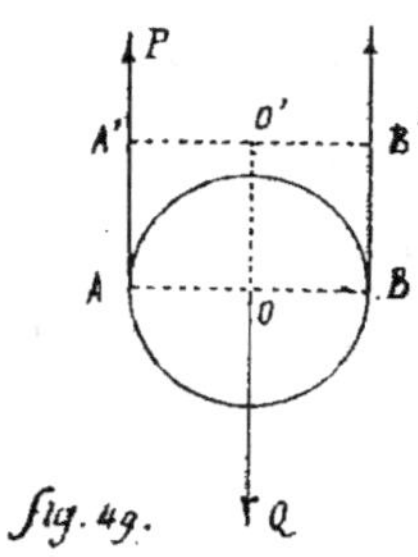

fig. 49.

résistance Q d'une certaine quantité d, le diamètre AB de la poulie vient en $A'B'$ et chacun des deux cordons se raccourcit de d. Il faut donc que le point d'application de la puissance se soit déplacé d'une quantité $2d$. Le travail moteur est par suite $P \times 2d$ et le travail résistant, $Q \times d$. Donc puisque $P = \frac{Q}{2}$ ou a :

$$P \times 2d = Q \times d$$

c'est-à-dire que le travail moteur est égal au travail résistant.

86. — Poulies mouflées. Dans les poulies mouflées, n étant le nombre des cordons on a dans le cas de l'équilibre $P = \frac{Q}{n}$. — Or tandis que la résistance ou poids à soulever Q se déplace de d, le point d'application de la puissance se déplace de nd. Le travail moteur est $P \times nd$ et le travail résistant $Q \times d$. On a donc puisque $P = \frac{Q}{n}$:

$$P \times nd = Q \times d.$$

Il y a donc encore égalité entre le travail moteur et le travail résistant.

87. — Treuil. Soient P la puissance appliquée tangentiellement à la

circonférence de la roue d'un treuil (fig. 50) et Q le fardeau à soulever ou résistance. — Si l'on imagine que le treuil tourne autour de son axe d'un certain angle α, le point d'application de la puissance vient de A en A' et le travail moteur est $P \times$ arc AA'. De même le travail résistant est $Q \times$ arc BB'.

Or, puisqu'il y a équilibre, on a :

$$\frac{P}{Q} = \frac{OB}{OA}$$

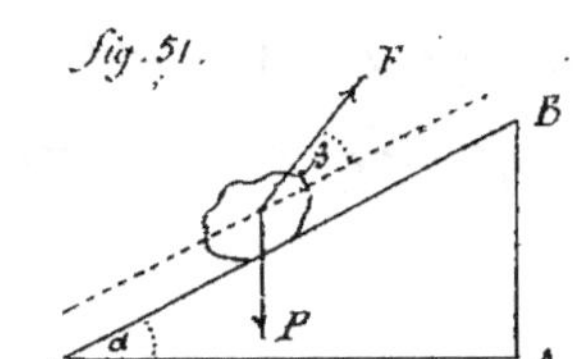

fig. 50.

D'autre part, les angles AOA', BOB' étant égaux, on a :

$$\frac{OB}{OA} = \frac{\text{arc } BB'}{\text{arc } AA'}$$

Donc à cause du rapport commun $\frac{OB}{OA}$, on a :

$$\frac{P}{Q} = \frac{\text{arc } BB'}{\text{arc } AA'}$$

d'où l'on tire : $P \times$ arc AA' $= Q \times$ arc BB'.

Le travail moteur est donc encore ici égal au travail résistant.

88. — **Plan incliné.** On a vu plus haut que l'équation d'équilibre du plan incliné est :

$$F \cos \beta = P \sin \alpha.$$

Or, si le corps se déplace le long du plan incliné d'une certaine quantité a, le point d'application de chacune des deux forces se déplace de a : par suite on a pour le travail de la puissance $F \times a \cos \beta$ et pour celui de la résistance, $P \times a \sin \alpha$. Par suite, en vertu de l'égalité ci-dessus :

$$F \times a \cos \beta = P \times a \sin \alpha.$$

fig. 51.

Il y a donc égalité entre le travail moteur et le travail résistant.

Influence des résistances dites passives.

89. — Dans la pratique, indépendamment des résistances qu'une machine a pour but de vaincre et que l'on nomme résistances utiles, il se présente

d'autres inhérentes au mouvement de la machine : ce sont les résistances passives. Elles sont dues à diverses causes : le frottement, la raideur des cordes, les chocs, la résistance des milieux dans lesquels fonctionne la machine. Ces résistances absorbant nécessairement une certaine quantité de travail moteur, ce dernier est en définitive égal à la somme des travaux dûs aux résistances utiles et de ceux dûs aux résistances passives. En représentant ces différents travaux par Tm, Tu, Tp, on a :

$$Tm = Tu + Tp$$

c'est-à-dire que dans les machines à l'état de mouvement uniforme, le travail moteur est égal au travail résistant utile augmenté du travail des résistances passives. Cette proposition porte le nom de théorème de la transmission du travail.

Dans la pratique le travail moteur est ainsi toujours plus grand que le travail résistant utile, car Tp ne saurait jamais devenir nul. Le rapport $\frac{Tu}{Tm}$ s'appelle le rendement d'une machine. Dans les meilleures il vaut 0,80.

Le problème du mouvement perpétuel consiste à trouver une machine à laquelle on communiquerait un mouvement une fois pour toutes qui continuerait indéfiniment à marcher en produisant sans cesse un effet utile. Il résulte de ce qui précède l'impossibilité absolue de construire un appareil satisfaisant à ces conditions.

Notions sur les forces vives.

90. — On évalue le travail d'une force à l'aide d'un élément nommé force vive.

On nomme force vive d'un point matériel en mouvement le produit mv^2 de sa masse par le carré de sa vitesse.

En supposant qu'une force constante F communique à un corps de masse m partant du repos une accélération γ, on a en appelant e le chemin parcouru par le corps en mouvement :

$$v^2 = 2\gamma e$$
$$F = m\gamma$$

D'autre part
$$T = F \times e$$

Éliminant F, γ et e entre ces trois relations, il vient :

$$T = \frac{m v^2}{2}.$$

Le travail effectué par une force motrice de direction constante pour communiquer à un point matériel de masse m une vitesse v, a donc pour mesure la moitié de la force vive que possède la masse animée de cette vitesse.

En supposant maintenant que le mobile au lieu de partir du repos possède une vitesse initiale V_0, on a :

$$v = V_0 + \gamma t$$
$$e = V_0 t + \tfrac{1}{2}\gamma t^2$$
$$F = m\gamma$$
$$T = F \times e$$

Éliminant F, e, γ, t, il vient :

$$T = \tfrac{1}{2} m \left(v^2 - V_0^2\right)$$

Le travail est donc égal dans ce cas à la demi-différence entre les forces vives à l'origine et à la fin du temps considéré.

Fin

www.ingramcontent.com/pod-product-compliance
Lightning Source LLC
LaVergne TN
LVHW010404060726
842526LV00005B/1499